山水与游

——徐达家族与南京园林

Roaming Between Mountains and Rivers:
Noble Family of Xu Da and Classical Gardens in Nanjing

太平天国历史博物馆 编

江苏凤凰美术出版社

图书在版编目（CIP）数据

山水与游：徐达家族与南京园林 / 太平天国历史博物馆编. -- 南京：江苏凤凰美术出版社，2022.12
ISBN 978-7-5741-0626-0

Ⅰ.①山… Ⅱ.①太… Ⅲ.①徐达（1332-1385）—家族—传记②园林建筑—建筑史—南京 Ⅳ.①K825.2②TU-098.42

中国国家版本馆CIP数据核字（2023）第002936号

责任编辑　王　煦
封面设计　焦莽莽
责任校对　吕猛进
责任监印　生　嫄

书　　名	山水与游——徐达家族与南京园林
编　　者	太平天国历史博物馆
出版发行	江苏凤凰美术出版社（南京市湖南路1号　邮编210009）
制　　版	南京新华丰制版有限公司
印　　刷	苏州市越洋印刷有限公司
开　　本	889mm×1194mm　1/16
印　　张	10.75
版　　次	2022年12月第1版　2022年12月第1次印刷
标准书号	ISBN 978-7-5741-0626-0
定　　价	180.00元

营销部电话　025-68155675　营销部地址　南京市湖南路1号
江苏凤凰美术出版社图书凡印装错误可向承印厂调换

编辑委员会

主　　编： 杨　英

副 主 编： 袁　蓉　杨　涛　邱晓勇

执行主编： 姚在先

编　　委： 孔令琦　杨　英　杨　涛　邱晓勇　张琳笛　陆　嘉
　　　　　　陈　欣　胡广涛　段媛媛　施恒忠　姚在先　袁　蓉
　　　　　　徐　丁　崔玉洲　魏杨菁（按姓氏笔画排序）

序

中国古典园林是中国审美最生动的载体，是中华优秀传统文化的宝贵遗产。它是自然美、建筑美、绘画美、文学美的有机统一，在世界造园艺术中独树一帜。古典园林"师法自然"的理念、山水意境的营造，体现了古人对诗意栖居的向往，也与当代理想人居环境的追求相契合。

南京是一座山水城林的宜居城市，生活在城市中的人与自然山水的互动，为这座"世界文学之都"留下了永恒的印记。金陵第一园——瞻园，就坐落于金陵城南、秦淮河畔，600年历史散落的记忆悠悠地流淌其中。历经几代人多年精心整修与改造，瞻园兼收并蓄，汲取南北园林之精华，在传承的基础上又有所创新，其优雅秀美已胜当年。随着时代的发展，从前贵族文人独享的私家园林，已成为社会大众陶冶情操、愉悦身心、回望历史的公共文化场所。

《山水与游——徐达家族与南京园林》的故事即以此为背景展开。展厅内历史的追溯与展厅外园林的诗意形成呼应，让人们在遐想瞻园当年之繁盛的同时，洋溢起共享中华优秀传统文化保护传承发展成果的幸福感，为观众带来"神与物游，思与境偕"的生动意境。

作为博物馆，肩负着讲好中国故事、传播好中国声音，展现可信、可爱、可敬中国形象的时代责任，在创新中探索，在探索中创新，是新时代文博工作者的使命。作为本次展览的策展团队和年轻的策展人，所有努力正是为此。欣闻展览图录即将出版，是为序。

南京市博物总馆 总馆长

前 言

"南都山川形势之美，衣冠文物之盛，甲于四方。"明代南京，初为京师，后为留都。这里有位高权轻的闲职官员，有三年一次的科举乡试，有繁盛的书籍出版，更有山水城林融为一体的自然风光，各方俊才流连其间。

明中期以来，以魏国公为中心的徐氏家族凭借徐达的宠禄，在南京营建了一批颇负盛名的园林。华堂丽亭，奇峰碧水，古木嘉卉，各臻其妙，带动南京园林再度走向兴盛。园林既是园主标榜身份的优游之地，也是文人士子的社交舞台。他们在此交游酬唱，留下诗文、书法、绘画、篆刻、戏曲等作品。以顾璘、陈沂、王韦"金陵三俊"为代表的南京文人群体在文学史上写下浓墨重彩的一笔。作为雅好于此的权贵阶层，魏国公家族亦起到了引领风气的作用。

明代文人钟惺有云："山水者，有待而名胜者也，曰事，曰诗，曰文。之三者，山水之眼也。"古人心中的山水，是一种超越自然与时间的文化景观。山水之胜，不能自为名，君子与游，情托乎雅言。南京园林得山水天然之势，本次展览精选60余件文物，通过"事、诗、文"，邀请观众走进山水园林的世界，偕游于古人的文化空间。

Nanjing was a magnificent city in Ming Dynasty (1368-1644) for it had been the capital for over 50 years and then retained special status as the Southern Capital. Talents from all over the country flew here for its rich cultural atmosphere which was contributed by government officials with high ranks but light duties devoting themselves to art and literature, and a prosperous publishing industry owing to triennial provincial examinations. Besides, there were charming landscapes with mountains, water, city walls and greening space. Therefore, it was highly praised that the beauty of the landscape and the prosperity of culture in Nanjing top those elsewhere.

Since the mid-Ming Dynasty onwards, the noble family of the Duke of Wei, descendants of Xu Da, had built several celebrated classical gardens in Nanjing, thanks to privileges granted by the emperors of Ming. Those gardens were famous for grand halls, artful lake rocks, vibrant plants, and clear waters, facilitating the flowering of gardens in the city. The gardens served as hallmarks of the owners' class, places for recreation, as well as platforms of social networking among litterateurs. They conducted social activities here, creating all forms of literature and artworks including poetry, calligraphy, painting, seal cutting and traditional opera. The litterateur community in Nanjing, headed by the "Three talents of Nanjing" comprising Gu Lin, Chen Yi, and Wang Wei, left their distinguished marks on the history of Chinese literature. As members of the upper class, the family of the Duke of Wei were presented as lovers and patrons of culture.

A famous litterateur Zhong Xing (1574-1624) wrote that "Natural landscape can only be transformed into cultural landmark through tales, poetry and prose. These three things are the eyes of landscape." Traditionally, landscape is portrayed as a cultural scene beyond nature and time. Landscape cannot attain fame on its own, and feelings need to be delivered through elegant languages. This exhibition is a collection of over 60 pieces of artifacts displaying elements of "tales, poetry and prose". Now, we cordially invite you to enter the world of classical gardens and experience the spiritual lives of litterateurs.

目 录

序

前 言

南京明代徐达家族墓的考古发现与研究　邵磊　傅芸 // 1
侯门园林今何在？——从瞻园的前世今生看传统园林的象与境　史文娟 // 13
地方意识与游冶品评——17世纪金陵胜景图文形塑探析　万新华 // 22

家族荣光
元勋之裔 // 39
金昭银辉 // 57

丽都闲雅
远胜洛中 // 69
东园雅游 // 85

园以名世
林泉佳话 // 99
名园蔚秀 // 105

徐达家族墓出土精品文物赏析 // 115

展厅实景 // 153

参考文献 // 155

后 记 // 157

南京明代徐达家族墓的考古发现与研究

邵磊　傅芸　南京市文化遗产保护研究所

徐达，字天德，濠州钟离（今安徽凤阳）人，出身农家，元末至正十三年（1353）投身红巾军郭子兴所部朱元璋麾下。徐达与常遇春是明朝建立过程中朱元璋最为倚重的两位武勋功臣，但相较而言，常遇春只具备了名将的全面素质，小常遇春2岁的徐达却堪称是位优秀的统帅。朱元璋麾下众多战将南伐北战、东征西讨取得的辉煌战果，大多来自徐达的运筹帷幄，故徐达在朱元璋集团中的地位举足轻重，无可取代。洪武三年（1370），徐达以位列诸将之上的功勋业绩，官至右丞相，兼太子少傅，封魏国公，岁禄五千石，予世券。

徐达一生功成名遂，但诸子却命运迥异。长子徐辉祖虽然袭承了徐达魏国公的爵位，但由于拥戴建文帝而抗拒靖难之师，竟在燕王朱棣登基后遭幽禁瘐死，朱棣念及徐达的功业，仍许徐辉祖之子徐钦（原名徐释迦保）世袭魏国公爵；与之相反，徐达第三子徐增寿则因在"靖难之役"爆发后与朱棣暗通款曲，被建文帝手刃于南京宫禁右顺门之下，朱棣登基后追封徐增寿为定国公并予世袭，其子孙也被迁往北京。这便是明初开国功臣中，惟徐达子孙世有南、北二公，分居南北二京而与明祚相始终的由来[①]。

徐达卒于洪武十八年（1385）二月，追封中山王，谥"武宁"，赠三世皆王爵，赐葬南京钟山之阴，配享太庙，肖像功臣庙，位皆第一。徐达死后赐葬钟山之阴的葬地，位于太平门外板仓街190号，墓冢前的神道长约300米。以御制神道碑为首的神道石刻，不仅规制崇宏，组合也相对完整（图1），属南京地区保存殊为完好的明初功臣墓之一。

图1　徐达墓神道至墓冢一线

一、关于徐达墓的神道石刻

由于岁月销蚀，南京明初功臣墓的垣墙、享殿等建筑已难觅踪迹，但成序列的神道石刻仍得以不同程度地保存下来，成为领略明代早期石作艺术、探讨明代礼制变迁的实物见证。从形制的宏伟程度着眼，徐达墓与傍近的岐阳王李文忠墓的神道石刻，均堪称明初功臣墓神道石刻之翘楚。相较而言，同属殁后封王的宁河王邓愈墓、黔宁王沐英墓、东瓯王汤和诸墓，均难以望其项背。具体而微，徐达墓神道石刻甚至略胜李文忠墓神道石刻一筹，这也是与徐达第一开国功臣的地位相符的。

在徐达墓的神道石刻里，固以神道起始处竖立的龟趺神道碑最为宏伟，也最为人瞩目。此碑通高8.95米，甚至比孝陵神功圣德碑还要高出近20厘米，在明代功臣墓神道碑中更是无出其右，堪称南京古代碑刻的第一高度。徐达墓神道碑碑额篆题"御制中山王神道碑"8字（图2），正文连首题在内凡25行，满行80字，由明太祖朱元璋洪武十九年（1386）七月撰文定稿，记载了徐达的家世生平及其辅佐朱元璋建立明帝国的丰功伟业。经与《明文衡》《明名臣琬琰录》等存录的传世文本校勘，可见不少异同，主要表现在两个方面：一方面主要是文

图2　徐达墓神道碑篆书题额

集在传抄刊刻过程中的鲁鱼亥豕之失，如"王来麾下"之"来"误作"束"、"朕遣战将千余员"之"员"误作"负"、"奋忠海内兮"之"忠"误作"志"，可借原碑以匡其谬；另一方面，则表现在碑文蒙古语原词的对译上，如元太尉"蛮子海牙"的人名，在入清以后的碑传中例皆改作"曼济哈雅"等，显然出自《四库》纂修官员秉承清廷意旨的粉饰。类似的还有原碑与《国朝献征录》称呼蒙古贵族为"虏""胡"等明显含有贬义的词语，在《明文衡》与《明名臣琬琰录》上皆被改易为"元"。诸如此类，不一而足。

在徐达墓神道碑正文的字里行间，尚刻画有圆圈形句读，这在古代碑刻中颇为罕见。由于同出自明太祖朱元璋撰制的凤阳明皇陵神道碑文之上，亦见刻画圆圈形句读，故这一现象往往被解读为：由于为明太祖朱元璋代笔的臣僚唯恐其文化程度不高，不通繁辞丽藻的碑文，遂在文辞间刻画圆圈形的句读，俾便其诵读，而书写者与刻工遂依葫芦画瓢照搬不误，一至于斯。然而，在碑文之间刻画圆圈形句读的做法，也还见于西宁侯赠郓国公宋晟之父、追封西宁侯宋朝用墓碑。此碑今犹屹立于南京雨花西路，碑文系建文二年（1400）进士及第的谨身殿大学士杨荣所撰[2]。宣德年间内阁"三杨"之一的杨荣好诗文，是明代早期"台阁体"文学的代表人物。以杨荣的学养，纵然面对旁人代笔之文，也断不至不通句读。于此可见，明代早期在碑文之间添加圆圈形句读符号的做法，显然并不是明太祖朱元璋这等粗通文墨者的"专利"，极可能是彼时置办碑志文字时，撰文者在碑志文字定稿之际为后继的书丹、镌刻提供便利，俾便后者"一气呵成"的一种较为普遍的文化现象。不过类似的圆圈形句读符号理应在书丹或镌刻的过程中被摒弃，只是由于极偶然的机缘才得以一一"落实"在碑志之上。

值得注意的是：在徐达墓神道碑的正文之后，还附有文渊阁大学士朱善等为朱元璋与徐达君臣二人歌功颂德并且"不胜感激流涕谨拜手稽首书于碑文之左"的一段文字，凡4行，即朱善所撰159字的《中山武宁王神道碑后》，尚存录于《朱一斋先生集》卷八。全文为：

> 臣惟古功臣之薨，圹有志，墓道有碑，礼也。然自唐以来，皆命词臣为之。惟我圣皇，芟夷群雄，混一区宇，虽股肱爪牙非止一人，而中山武宁王实元勋之首。南收吴越，北定中原，东平齐鲁，西入关陕，大抵皆王之功。今其薨也，圣上以王丰功伟绩始终本末，非词臣所能周知，故亲笔之，刻置墓道。自古人君礼报功臣，未有若斯之盛者也。臣等不敏，幸得同侍经筵，钦睹御制，不胜感激流涕。谨拜手稽首，书于碑文之左。[3]

原碑在这一段文字之后，具署"文渊阁大学士奉议大夫臣朱善、承务郎左春坊左赞善臣刘三吾、承务郎左春坊左司直郎臣汪仲鲁"三人的题名。而在撰人题名之后，续有书人题名："翰林院待诏臣沈士荣、孙大雅谨书。"由于《中山武宁王神道碑后》不过区区159字，故两人所"谨书"者，应是包括明太祖朱元璋御制的徐达墓神道碑正文与朱善撰《中山武宁王神道碑后》这两部分。

在徐达墓神道碑背后的神道两侧，依次分布石马暨控马官、石羊、石虎、石武像、石文像各一对。这些成对的石像生虽夹道而望，但前后间距非一，如神道碑距石马约42米，位于石马内侧，与石马连为一体的控马官距石羊约24米，至于在这之后的石羊与石虎、石虎与石武像、石武像与石文像之间的距离则相对较为均衡，大致皆为4.0米。这其中，神道碑与石马的间距过大，显得极为突兀。对照洪武五年（1372）重定品官坟茔制度，徐达墓现存的神道石刻组合极可能在神道碑与石马之间遗失了一对石望柱。明初功臣墓神道碑后的神道两侧，于例应竖立石望柱一对，但不排除可能由于望柱体积较小，容易倾倒埋没或被挪作他用，未必原先就不曾设置。

与石马连为一体的控马官的头部悉皆缺失，不过从其身着窄领紧袖袍服的装扮看，徐达墓控马官当与岐阳王李文忠墓、东瓯王汤和墓的控马官造型相近，固非头戴兜鍪作武弁形象。民国初年，曾以临时大总统孙中山的面目为原型补塑徐达墓控马官的头部，后仍遭击毁，今所见其脖颈部位出露的铁条，与民国初以水泥补塑的控马官头像有关。

明代尚左，表现在陵墓神道两侧石翁仲的组合方面，则无论文武，通常都是年老有须者居于神道左侧，年轻无须者居于右侧，借以体现出"长者为尊立于左"的时代特点（图3）。徐达墓虽然是武像有须者立于左，但文像有须者却立于右，显然是明初营建徐达墓设置石翁仲之际的疏失所致。

此外，在徐达墓的龟趺神道碑前，原本还有清光绪年间所建石坊，额书"明中山王神道"，惜已损毁，现存额书"明中山王神道"的石坊，系20世纪80年代后期参酌清代石坊重建。徐达墓神道尽头的墓冢高崇恢宏，在墓冢正面有徐达后裔可能也是在清光绪年间所立的"明魏国公追封中山王谥武宁夫人谢氏之墓"石墓碑（图4）。值得注意的是：此墓碑的左右两侧，分别开凿两个榫槽，根据榫槽上下各自对应的位置以及所残存膏泥之类的黏合剂，可推知清光绪年间徐达后裔重修徐达墓并立此墓碑之际，曾经紧贴墓碑甃砌砖廊，以遮蔽风雨。

朱偰先生曾于20世纪30年代中叶踏查南京中山王徐达墓，摄影数帧并做简单的文字记录，这大约

图3　徐达墓石翁仲

算是对徐达墓有据可查的实地调查之始。在朱偰先生拍摄的照片中，可见徐达墓的石望柱其时即已遗失无存，至于清光绪年间所立"明中山王神道"石坊亦颓倒湮没。其整体所呈现的，应当就是入清以后或者说经历了太平天国之役"洗礼"后的徐达墓的旧貌。

二、徐达墓的享堂建筑及其规制

明代开国功臣墓的享堂建筑多因历经兵燹，地面部分多塌毁无存，遑论得以考古揭示。以徐达明朝第一开国功臣不同寻常的身份，徐达墓享堂建筑的考古勘探工作，不惟明代考古工作填补空白的拓荒之举，对于探究明初陵墓地上建筑的规制，亦不无裨益。

在徐达墓神道石刻与墓冢之间，可见明显的两级台地，其中，第一级台地大致高于徐达墓神道石文像所在地面约 1.5 米，第二级台地大致高于石文像所在地面约 3.5 米，换言之，第二级台地较第一级台地高出 2 米。参照此前在另一位明代开国功臣岐阳王李文忠墓的相关考古发现，可以断定徐达墓位于神道石刻与墓冢之间的这两级台地，应即徐达墓享堂前门（即"中门"）与享殿遗存，其中，第一级台地为享堂前门基址，第二级台地为享堂基址。

图 4　清光绪年间徐达后裔所立墓碑

2002 年 4 月 8 日至 4 月 24 日，经考古工作者踏查勘探，可以确认：徐达墓享堂前门的台基平面呈长方形，东西长 16.9 米、南北宽 12.1 米，台基的南端距离神道两侧成对的石文像 13.6 米，前出陛阶；享堂建筑的台基平面呈"凸"字形，由享堂主殿与前出的月台组成，其中，享堂主殿下部的台基东西长 31 米、南北宽 14.8 米，前出的月台台基东西长 15.8 米、南北宽 5.1 米。享堂前门台基的北端距离享堂月台台基的南端 14.5 米，享堂前门与享堂之间，亦以陛阶相连。

据《大明会典·王府坟茔》所载明初永乐八年（1410）朝廷规定的亲王陵园制度有云：

> 亲王坟茔，享堂七间，广十丈九尺五寸，高二丈九尺，深四丈三尺五寸。中门三间，广四丈五尺八寸，高二丈一尺，深二丈五尺五寸。外门三间，广四丈一尺九寸，高深与中门同。神厨五间，广六丈七尺五寸，高一丈六尺二寸五分，深二丈一尺五寸，神库同。东西厢及宰牲房各三间，广四丈一尺二寸，高深与神厨同。焚帛亭一方七尺，高一丈一尺。祭器亭一，方八尺，高与焚帛亭同。④

其中，明代亲王墓上享堂的"广十丈九尺五寸……深四丈三尺五寸"，是谓明代亲王墓依制，其享堂面阔可为 35.04 米、进深可为 13.92 米；所谓的"中门"即享堂前门，中门"广四丈五尺八寸，高二丈一尺"，是谓享堂前门依制可为面阔 14.66 米、进深 8.16 米。

如果仅仅从换算得出的数据看，被追赠为郡王的徐达墓的享堂台基，在规制上似并不逊于有明一朝的"亲王坟茔"之制，至于享堂前门基址的规制尺幅甚至多有过之。但问题是：前引《大明会典·王府坟茔》列举的相关数据，是仅就台基之上的享堂建筑或享堂前门建筑的本体而言，并不包括建筑外围地面上的散水构造，更未涵括承托建筑的台基。

参酌明代太子与诸藩墓寥寥无几的考古材料，如洪武年间太子文懿朱标东陵（位于孝陵东故曰"东陵"）享堂前门的台基东西长 20 米、南北宽 13.5 米，享堂主殿的台基东西长 33.34 米、南北宽 18.7 米，享堂主殿前出的月台台基东西长 18 米、南北宽 10.5 米[⑤]；明太祖第十子鲁荒王朱檀墓享殿台基东西宽 33 米、南北连同前出月台 24 米[⑥]；明太祖第六子楚昭王朱桢墓享殿台基的总建筑面积为 451 平方米[⑦]；卒葬于万历年间的明穆宗第四子、潞简王朱翊镠墓的享殿前门遗址面阔 20 米、进深 8 米，享殿遗址面阔 36.5 米、进深 18 米，前出月台面阔 16 米、进深 10.6 米[⑧]。

撰诸上述可知，就享堂建筑台基的规制方幅而言，殁后赠以郡王的徐达墓，较诸洪武、永乐以至万历时期的亲王陵墓，即便是在肉眼可及的视距之内，仍然逊色不少。纵然以徐达明初第一开国功臣的显赫声望，也未能轻易弭平礼制观照下郡王与亲王之间的鸿沟。

三、徐达家族墓的分布与考古发现

徐达赐葬南京钟山之阴的茔域，原本占地广袤，现仅有纵贯神道石刻至墓冢之间的狭长一线被划为保护区域（图 5）。而除了徐达夫妇之外，包括徐达长子、嗣魏国公徐辉祖与碌碌无为的幼子徐膺绪的两支，连同早亡的次子徐添福与被建文帝手刃的第三子徐增寿，皆祔葬钟山之阴的祖茔之内。因此，从广义上来说，徐达墓的神道石刻与包括享堂在内的墓上建筑，也就不仅仅属于徐达夫妇所有，而是徐达与祔葬钟山祖茔的徐达子孙共有。由于徐达子孙瓜瓞绵绵，到了明代后期"钟山赐地罕可祔"，以至嘉靖二十七年（1548）无官品的徐达七世孙、与南都名士多有往还的徐京去世后，不得不别营葬所于南京南郊"双桥门之新阡"[⑨]，不啻为南京的徐达后裔又开辟了一处新的家族墓地。位于南京双桥门的徐达家族墓，迄今尚未见相应的考古发现。

图 5 墓葬位置示意图，▲为徐达家族墓

徐增寿的子孙于永乐年间迁居北京，正统二年（1437）七月，徐增寿嗣子、第二任定国公徐景昌殁，明廷遂钦赐"宛平县京西乡黄家台之原"60 余亩山地为定国公家族茔域。明代定国公家族墓所在的今北京门头沟区潭柘寺鲁家滩村一带，近数十年来陆续出土了部分定国公及其家族成员的墓志，但均未及整理。因本文是以南京中山王徐达墓及其相关考古发现为着眼点，故对于北京明代定国公墓的出土材料暂不涉及。

对板仓街明中山王徐达家族墓的抢救性考古发掘工作，始于 20 世纪 50 年代初，其时文物部门曾在此清理出土中山王裔孙妻室、嗣魏国公夫人毛氏墓志，可惜由于墓志已无存，难于获得更多的信息。不过从毛氏魏国公夫人的秩级而言，也应出自与魏国公门户相当的功臣世家，并以南宁伯（侯）毛胜（毛福寿）的可能性较大。

从 1965 年至 1983 年，其时为配合南京天文仪器厂等单位的基本建设，南京市博物馆在徐达墓神道石刻后的东西两侧，相继清理了徐达家族墓 11 座（见下表）。其中，除了徐达第四子徐膺绪夫妇墓之外，其余大致皆属徐达长子、嗣魏国公徐辉祖一支，包括徐达长孙徐钦墓暨其夫人何妙莲墓、五世孙徐俌夫妇墓[⑩]，并征集了晚明的嗣魏国公徐邦瑞、徐维志等人的墓志。又及，据南京市博物馆考古部阮国林先生回忆，20 世纪 70 年代末南京市博物馆李蔚然、季士家、吕武进等发掘徐达季子徐膺绪墓之际，曾在今徐达墓冢封土东偏、毗邻今南京天文仪器厂厂房的地下 8 米处，发现一座以明初官砖（即用于砌建明初京城城垣的城砖）砌造的大型墓葬。因此墓规模宏伟，一众人等皆认为即是徐达夫妇墓，因墓葬并未太过影响天文仪器厂的基建工程，遂回填如故，未予清理。

发掘时间	出土地点	墓室编号	墓主人
1965-1983 年	南京太平门外板仓村	M1	佚名
		M2	徐钦
		M3	何妙莲
		M4	徐俌及原配朱氏
		M5	徐俌继室夫人王氏
		M6	佚名
		M7	佚名
		M8	佚名
		M9	徐膺绪夫妇
		M10	佚名
		M11	佚名
2011 年	南京林业大学南大山	M1	徐世礼夫妇
		M2	徐伯宽夫妇
2012 年	南京林业大学南大山	M9	徐景瑄
		M11	佚名
		M12	佚名
		M13	佚名
		M28	佚名
		M42	徐铎

表1 徐达家族墓历年发掘情况一览表

2011年、2012年，为了配合徐达墓园以北南京林业大学校舍公寓的建筑工程，南京市博物馆在南京林业大学南大山区域共发掘了48座古墓葬，其中明代墓葬有21座，大多属于徐达家族墓，只有极少数的外姓中低级武官墓葬，时代均属明初。之所以能够获葬于此，显然是由于徐达其时尚健在，这里还没有成为中山王家族墓地的缘故。

2011年、2012年，在南京林业大学南大山新发掘的这批明代徐达家族墓，时代范围从明代前期延伸至明代后期，墓主几乎都是徐达第四子徐膺绪一支的子孙。其中，1号墓墓主为徐达六世孙、南京锦衣卫指挥佥事徐世礼夫妇，2号墓墓主为徐达五世孙、南京锦衣卫指挥佥事徐伯宽夫妇，9号墓墓主为徐达孙、徐膺绪之子徐景瑄，42号墓墓主为徐达五世孙徐铎。此外，第28号墓由于出土墓志风化漫漶，无法通读，故仅知墓主为徐达后裔，但不详其名辈。另有至少4座明墓，虽未出土任何文字材料，然其不设墓道、砖砌墓壁、石板铺顶的形制，与已发掘明代中叶以后的徐达家族墓一致，推测也属徐达家族墓[11]。

综上所述，徐达家族墓地在时代上延续了终明一朝，墓主除了徐达父子之外，还囊括了徐达长子徐辉祖与季子徐膺绪两支的后人。其中，徐辉祖的后裔凡袭替魏国公祖爵者，其葬身之地距离主墓——徐达墓的位置相对较近，多位于徐达墓神道两侧，与徐达墓神道仅一墙之隔的南京天文仪器厂范围内发现尤多；而徐达季子徐膺绪的后人，则几乎全部位于距主墓较远的南京林业大学南大山区域，这里已属南京天文仪器厂的外围。

四、徐达家族墓的形制特征

历年考古发掘的徐达家族墓，其形制所见有四类：

第一类为砖筑券顶前、后室墓，如徐达第四子徐膺绪夫妇墓与徐达长孙、嗣魏国公徐钦墓。以徐膺绪夫妇墓（图6）为例，其墓室内长7.95米，采用明初的大型官砖砌筑，无墓门，墓室前壁以青砖和条石封砌两重，在内层封门墙的上部放置徐膺绪墓志一合。墓室内宽4.6米、高4.04米，内部用砖隔墙与石门组合在一起分隔成前、后室，前室长2.05米、后室长5.30米，后室的左、右两壁设火焰形壁龛，后壁设拱形壁龛。后室地面有砖砌的两具大小不一的长方框形棺床，其中，较大的棺床位于后室居中的位置，右侧毗邻的棺床既短且窄，并直抵东（右）壁龛之下。棺床上的木制棺椁葬具皆朽烂无存，根据两具棺床上各自散落的物品的类别与用途，可知徐膺绪与夫人朱氏的头部皆朝向后壁，具体位置男左女右。从两具棺床彼此在后室内的相对位置来看，此墓原本并非按照"同茔同穴"的夫妇合葬墓的规划起建，而是为徐膺绪一人"量身定做"，徐膺绪妻朱氏最终虽仍祔葬其中，但由于在墓室内并没有为后葬者预留摆放棺椁的位置，因此朱氏卒葬之际，不得不在居中设置的徐膺绪棺床的右侧又补砌了一具棺床。

据已公开发表的考古材料，与徐膺绪夫妇墓形制相同的明代墓葬，尚见有长兴侯（耿炳文）夫人陈氏墓[12]，明太祖朱元璋第八女福清公主墓[13]，西宁侯赠郓国公宋晟夫妇墓[14]，明太祖朱元璋孙女、郢靖王朱栋之女縠城郡主墓[15]，浙江都指挥金事张文墓[16]等。这类形制的墓葬出现于洪武朝后期，主要流行于永乐至宣德年间。

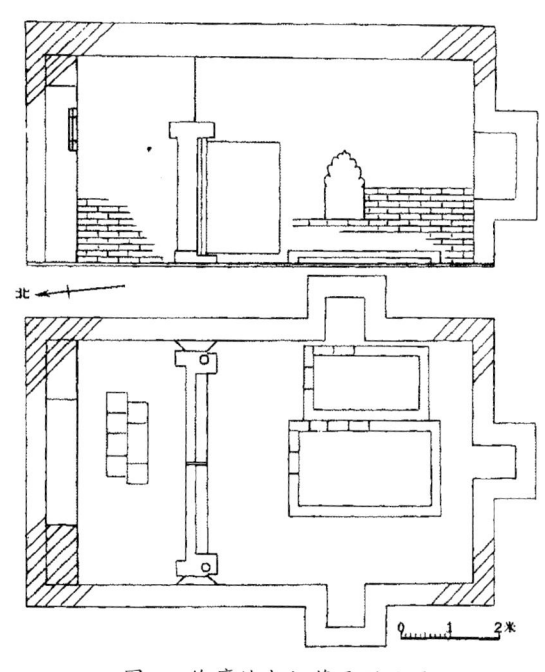

图6 徐膺绪夫妇墓平剖面图

第二类为砖砌长方形券顶小型单室墓。以天文仪器厂发掘的8号墓为例，其墓室用长40厘米、宽16厘米、高8厘米的青砖错缝平砌13层后起券至顶。墓室长3.24米、宽2.05米、高2.1米，墓室左右后三壁设拱形壁龛，底部铺正方形地砖，墓室中部地面砖墁长方框形棺床。这类砖砌长方形券顶小型单室墓在徐达家族墓中数量颇多，如天文仪器厂发掘的10号墓、11号墓与第三任魏国公徐钦夫人何妙莲墓（3号墓），南京林业大学南大山发掘的徐膺绪之子徐景瑄墓、徐达五世孙徐铎墓与墓主失考的2012M28等，皆是。此外，孝陵卫指挥使萧逊夫妇墓、锦衣卫指挥金事宋铉夫妇墓[17]、福清公主之子驸马舍人张杰（克俊）墓也属此类规制。

总的来看，这类砖砌长方形券顶小型单室墓大致流行于永宣之际至明代中叶，主要分布在南畿及其周边地区，墓主包括秩级在三、四品之间的武官或位望相若者。

第三类为砖砌四壁上覆盖石板的石顶砖室墓。在徐达家族墓中数量最多，其中又具体可分为单人葬的单室墓与同茔异穴的夫妇合葬墓两种。单室墓包括天文仪器厂发掘的5号墓（墓主推断系徐达五世孙、嗣任魏国公徐俌的继室夫人王氏）、6号墓、7号墓与南京林业大学南大山发掘的2012M10、2012M11；同茔异穴的夫妇合葬墓则有徐达五世孙徐伯宽夫妇墓（2011M2）、六世孙徐世礼夫妇墓（2011M1）等（图7）。此外，被考古工作者分别编号的2012M12与2012M13，其实也是一座同茔异穴的夫妇合葬墓。以

图 7　徐达六世孙徐世礼夫妇墓

20世纪80年代后期在南京南郊天保桥发掘的明代南京守备、司礼监太监怀忠墓为例[18]，可知这类在砖壁上覆以石板的石顶砖室墓，在成化以前即已出现。

第四类为石顶砖室的浇浆墓。迄今所见只有徐达五世孙、嗣任魏国公徐俌与夫人朱氏夫妇合葬墓这一例。徐俌夫妇墓位于徐达墓神道以东约100米处，其具体做法为：先开挖一长方形土圹，圹底经夯实后浇筑一层厚25厘米的三合土灰浆，四周以青砖错缝平砌成南北长4.38米、东西宽5.46米、高1.91米、厚0.60米的砖椁，中间再砌宽1.02米的隔墙，分为左、右各长3.12米、宽1.60米的两个墓穴。墓穴内各自摆放棺椁，其中，外层的椁为樟木制成，表面髹红漆；内层的棺为楠木制成，棺内髹黑漆，棺外髹红漆。在棺椁与砖室的空隙之间浇筑三合土灰浆，砖室四壁之上平铺厚17厘米的石板，石板四周用厚31厘米的条石锁边。在石板上仍浇筑24厘米厚的三合土灰浆。最后填土夯实。

徐达家族墓在形制上展示出的多样化的面目，主要受到礼仪制度的规定与时代风尚的影响，墓主的身份、品秩在这一方面所起到的支配性作用是不可否认的，但也并不是绝对的。譬如第三任魏国公夫人何妙莲墓砖砌长方形券顶小型单室墓的形制，未免过于简朴，与其公爵夫人的身份并不相符，但如果联想到第三任魏国公徐钦屡屡遭受明成祖朱棣惩戒责罚之事，或亦不免释然。不过总体而言，相较于明代黔国沐氏等公侯家族墓的豪奢，徐达家族墓仍然可划归较为简约的范畴，这不仅体现在墓葬的建筑方面，在随葬品上也可见一斑。如徐达家族的女眷墓中随葬的金玉制品，其实数量非常有限，即便贵为第三任魏国公夫人的何妙莲墓也不例外。徐达家族随葬的瓷器，无论从数量抑或精丽程度来看，也实难与西宁侯宋晟家族墓相媲美。再如徐达第四子、卒赠二品中军都督佥事的徐膺绪，虽然在"永乐中以元舅见尊宠……皇太子以舅氏甚敬礼之……每见，必命坐，款语移时，退必自送之"[19]，但徐膺绪墓出土的腰带仍然是守制的铜托犀角腰带[20]，并未逾制配用玉带，揆诸彼时官止四品的太监亦屡屡陪葬玉带的情状，这已属相当难得了。

五、徐达家族墓出土墓志的史料价值

南京钟山之阴的徐达家族墓出土墓志达十数件，传主均属徐达长子徐辉祖一系与徐达第四子徐膺绪一系。通过对这些墓志特别是明代前期墓志的释读，有助于澄清徐达家族谱系、补证包括《明史》在内的史籍文献[21]。

徐达出身农家子，其祖上皆籍籍无名，然各地徐氏宗谱，于徐达先世名讳多言之凿凿，但彼此出入甚大，显然皆不可信。据徐达第四子徐膺绪墓志：徐达曾祖名徐五四，曾祖妣何氏；徐达祖父名徐四七，祖妣周氏；徐达的父亲名徐六四，妣蔡氏。徐达先世以数目字起名，当与宋元以来，民间无职衔者通常只以行辈或父母年龄合计一个数目作为称呼的旧俗有关。由于徐达"家世业农"，故其祖、父皆以数目字为名，亦情理中事。

徐达妻室，为人所熟知的有早亡的张氏与叛将谢再兴次女、洪武二十年（1387）十月诰封"中山武宁王夫人"的谢氏[22]。又，明人朱国祯辑《皇明开国臣传》谓徐达子女皆系谢氏所生[23]，然《罪惟录》却又称谢氏"无子"[24]，其说互歧。而据徐膺绪墓志可证，徐达妻室在张氏与谢氏之外，犹有季子徐膺绪的生母孙氏。

徐达有四子，分别为嗣魏国公徐辉祖、勋卫徐添福、右府左都督徐增寿、中府都督佥事徐膺绪。关于徐膺绪在徐达四子中的伦序，史载互歧，《明实录》谓为第四子[25]，《明史》徐达本传则将其序于徐增寿之前[26]，令人莫衷一是。徐膺绪墓志谓传主为"中山武宁王讳达之季子"，据此可知，《明史》关于徐膺绪在徐达四子中位列第三的排序是不够准确的。

徐膺绪之子，见诸史载的有中府都督佥事徐景珩、金吾前卫指挥佥事徐景璿、南京锦衣卫指挥佥事徐景璜、南京锦衣卫千户徐景瑜四人[27]，而徐景珩或曾易名为徐景弼[28]。另《明英宗实录》谓徐景璜为"中山武宁王曾孙"则显属误记[29]。据徐膺绪墓志所载，徐膺绪实有六子，依次分别为景珩、景璜、景璿、景瑜、景瑛、景瑄。其中，景瑛、景瑄两人史籍失载，2012年，南京市博物馆在南京林业大学南大山发掘了徐景瑄墓，据墓中随葬的内容苟简的砖墓志，可知徐景瑄生于永乐二年（1404）十月，系徐膺绪侧室周氏所出，卒于宣德三年（1428）七月，享年25岁，停柩一个月即行下葬。

在毗邻徐景瑄墓的区域，还相继发现了徐景珩、徐景璜两支后嗣的墓葬，包括徐达五世孙徐铎墓、徐伯宽夫妇墓、六世孙徐世礼夫妇墓等。徐膺绪之子徐景珩、徐景璜的两支后嗣，均见录于《武职选簿》，但由于体例、内容皆过于简单甚至多有遗失，如徐景珩孙徐铎的袭替经历即空空如也，并标注为"缺"[30]。而据出土的徐铎墓志可知，徐铎，字廷振，生于正统九年（1444）九月，官南京锦衣卫指挥佥事，卒于成化十五年（1479）十月，以是年闰十月初九日祔葬太平门外祖茔。徐铎之子徐世勋大致生于成化十一年（1475），乃父徐铎卒葬之际年仅5岁，至次年遂得以"全俸优给"，至成化二十四年（1488）终住支。值得一提的是：《武职选簿》称徐世勋为徐铎"庶长男"，而徐铎墓志亦提供了徐世勋并非出自徐铎正室陈氏[31]，而系出自侧室郑氏的信息。

《武职选簿》关于徐景璜孙徐伯宽、曾孙徐世礼的记载稍详，但内容仍多是其先世诸辈的历官情形，且仅徐景璜曾"保升中都留守司副留守"一事并不见于其他史籍[32]。据徐伯宽与徐世礼父子的墓志可知，徐伯宽，字德裕，号海雪（道人），生于景泰五年（1454）正月，配南京鹰扬卫指挥佥事崔俊孙女崔氏，享年57岁。徐世礼，字君叙，生于弘治十五年（1502）四月，因"园有三桂，海雪翁（徐伯宽）手植，因自号'桂亭'"，配山东布政使周纮女。以长兄徐世祯夭绝，遂得袭替祖职，"掌仗前御象，军民成为'象府'"，卒于嘉靖二十一年（1542）十月，享年41岁，以嘉靖二十三年（1544）十一月祔葬钟山之阴。徐世礼曾从学于湛若水，然半道中辍。

徐达长子、嗣任魏国公徐辉祖因抗拒燕王朱棣靖难之师，在明成祖登基后即遭革爵幽禁而死，至永乐五年（1407）七月瘐死狱中。可能因此之故，徐辉祖墓不太可能比照相应的规制来营造，或许连记述墓主行实的墓志也不会有。不过，明成祖仍以徐达"开国元勋不可无继"，特命徐辉祖长子、原名徐释迦保的徐钦袭封魏国公爵，并赐徐钦今名[33]。但明成祖与徐辉祖之间的积怨，并未因徐钦告袭祖爵而完结，先是，永乐九年（1411）以"恣纵"而与成国公朱勇、定国公徐景昌、永康侯徐忠等俱为言官所劾，明成祖宽宥了朱勇等人，却独令徐钦归而"就学"读书，以广闻见。

笔者近年在南京民间调查发现以砖刻明"故训导菜窝先生朱公（嗣宗）墓志铭"一合（图8）。传主朱嗣宗，字以孝，号菜窝，先后"以明经荐分教淮安府庠"并"改训湖之德清"，永乐六年（1408）秩满至京师（南京）后，应诏被明成祖朱棣选中，遂命"以世勋袭封魏国公"、年甫弱冠的中山武宁王之孙徐钦即拜为师。庶可知，徐钦永乐九年曾以"恣纵"而从儒学训导朱嗣宗读书。尽管墓志称朱嗣宗"导之以忠孝，文之以礼乐，虽祁寒暑雨，靡有遗怠。故公德器成就，皆先生之功也"[34]。但直至永乐十九年（1421）初，从南京前往新都北京觐见明成祖的徐钦仍因擅自归返南京而触怒明成祖，遂被罢爵为民并遣送凤阳守护祖茔[35]。直至成祖晏驾，仁宗登基，徐钦始得复爵[36]，但仅一个月后即病故[37]。

徐钦的生平，史载不详，据徐钦墓志可知其生于洪武二十四年（1391），享年34岁。又，关于第

图 8　儒学训导朱嗣宗墓志

二任魏国公徐辉祖的妻室，史载仅及第四任魏国公"徐显宗祖母李氏"一人㊳。今据徐钦墓志谓"妣夫人陈氏"云云，可知徐辉祖的妻室除李氏外，尚有陈氏夫人。又据志文，徐钦除徐显宗、徐承宗、徐绍宗诸子外，别有三女，长女适武平卫指挥佥事王禧、次女适鹰扬卫指挥使蒋通、第三女适含山大长公主次子尹淳㊴。

碑志实物作为第一手史料，通常被认为会比传世文献更为可信。徐达长孙徐钦与夫人何妙莲墓志以外的历任魏国公墓志，如徐达五世孙徐俌夫妇墓志与八世孙徐邦瑞墓志、九世孙徐维志墓志等，篇幅虽或不短，但却多系颂扬传主好学谨饬、敦睦孝友、舍身为国的谀赞之语，史料价值都不是太高，甚至还有不少由于刻意隐恶扬善而衍生出的讹误。如明人郑晓《今言》所述："名臣大功业，儒臣大制作，尚尔舛误，金石之刻，岂足尽信！"㊵对于明代中期以后的徐达家族成员的墓志，大抵亦应作如是观。

注释

① 关于徐达的生平史事，俱见《明史》卷125《徐达传》，北京：中华书局，1974年，第3723-3732页。
② 追封西宁侯宋朝用墓碑碑文，系谨身殿大学士杨荣于宣德初年应第三任西宁侯宋瑛敦请而撰作。但据文末题名可知，杨荣撰写的这篇追封西宁侯宋朝用墓碑碑文，直至百年后的正德十一年（1516）十一月，始由宋朝用玄孙、任南京协同守备的西宁侯宋恺镌制立石。
③ 朱善：《朱一斋先生集》卷8，北京图书馆藏明成化二十二年（1486）朱维鉴刻本。
④ 申时行等纂：《大明会典》卷203《工部·王府坟茔》，扬州：广陵书社，2007年，第2730页。
⑤ 贺云翱、王前华、邵磊：《明东陵考古纪实及学术价值》，载《第九届明史国际学术讨论会暨傅衣凌教授诞辰九十周年纪念论文集》，厦门：厦门大学出版社，2003年，第269页。
⑥ 山东省博物馆：《发掘明朱檀墓纪实》，《文物》1972年第5期。
⑦ 傅守平：《明代楚昭王朱桢墓发掘简讯》，《江汉考古》1992年第1期；湖北省文物考古研究所等：《武昌龙泉山明代楚昭王墓发掘简报》，《文物》2003年第2期。
⑧ 河南省博物馆：《新乡市郊明潞简王墓及其石刻》，《文物》1979年第5期。
⑨ 皇甫汸：《皇甫司勋集》卷54《徐隐君墓志铭》，《景印文渊阁四库全书》集部别集类第1275册，台北：商务印书馆，1986年，第856、857页。
⑩ 南京市文物保管委员会、南京市博物馆：《明徐达五世孙徐俌夫妇墓》，《文物》1982年第2期；南京市博物馆：《明中山王徐达家族墓》，《文物》1993年第2期。

⑪南京市博物馆:《南林大博士后公寓工地徐达家族墓》,《2011年南京考古工作报告》,第22、23页;南京市博物馆:《南京林业大学南大山六朝至明代墓葬》,《2012年南京考古工作报告》第47-55页。

⑫南京市博物馆:《江苏南京市南郊两座大型明墓的清理》,《考古》1999年第10期。

⑬南京市博物馆:《南京邓府山明代福清公主家族墓》,《南方文物》2000年第2期。

⑭南京市博物馆:《南京中华门外明墓清理简报》,《考古》1962年第9期。

⑮南京市博物馆:《南京市两座明墓的清理简报》,《华夏考古》2001年第2期。

⑯南京市博物馆:《江苏南京市唐家凹明代张云墓》,《考古》1999年第10期。

⑰南京市博物馆:《南京南郊明墓清理简报》,《南方文物》1997年第1期。

⑱南京市博物馆:《江苏南京发现明代太监怀忠墓》,《考古》1993年第7期;邵磊:《南京守备司礼监太监怀忠墓志考证》,《碑林集刊》,第17辑,西安:三秦出版社,2011年,第90-98页。

⑲俱引自徐膺绪墓志志文。

⑳《明中山王徐达家族墓》记述徐膺绪墓出土腰带为"铜托镶木腰带",但木腰带之制却未见诸史载,笔者虽未亲验实物,但颇疑徐膺绪墓所谓"铜托镶木腰带",其实是外托以铜的犀角腰带。

㉑邵磊:《明中山王徐达子孙墓志考释》,《明史研究》第十四辑,合肥:黄山书社,2014年,第298-316页。

㉒《明太祖实录》卷186:洪武二十年冬十月"戊辰,追封中山武宁王徐达妻谢氏中山武宁王夫人"。台北"中研院"史语所校印本,1962年,第2794页。

㉓朱国祯辑:《皇明开国臣传》卷1《中山徐武宁王》,《续修四库全书》史部第431册,上海:上海古籍出版社,1985年,第266页。

㉔查继佐:《罪惟录》志32中《外志·诸臣传逸》,北京:北京图书馆出版社,2006年,第733页。

㉕《明太祖实录》卷171:洪武十八年二月己未,"太傅魏国公徐达薨。达,凤阳人……子四人,皆上赐名,长子辉祖,袭封魏国公;次添福,授勋卫,早逝;次增寿,擢右军都督府左都督;次膺绪,中军都督府都督佥事。"第2597、2598、2617、2618页。又,《明太宗实录》卷15:洪武三十五年十二月乙丑,"升金吾左卫指挥佥事徐膺绪为中军都督佥事。膺绪,中山武宁王达之季子也"。第280页。

㉖《明史》谓徐达"子四:辉祖、添福、膺绪、增寿",第3730页。

㉗徐膺绪子女,散见于史载,参见:a.王世贞:《弇州山人续稿》卷80《中山王世家》:"仁宗初,拜膺绪子景珩中军都督佥事,景璿金吾前卫指挥佥事。诸孙为指挥勿绝。其二女皆为王妃。"台北:文海出版社,1970年影印本,第3934页;b.《明仁宗实录》卷5上:永乐二十二年十二月壬寅,"命徐景璿为南京锦衣卫指挥佥事。景璿,故中军都督佥事膺绪子也。"第157页;c.《明宣宗实录》卷85:宣德六年十二月"乙巳,谪锦衣卫指挥佥事徐景璿及其弟千户景瑜戍隆庆卫……盖二人皆中山武宁王孙也"。第1967页。

㉘《明英宗实录》卷143:正统十一年秋七月"辛卯,命南京中军都督府故都督佥事徐景珩子显隆为指挥佥事",第2834页。然据倪谦《倪文僖公集》卷29《中都留守司正留守徐公墓志铭》:"公讳显隆,字文盛……曾祖讳达……追封中山武宁王。祖讳膺绪,骠骑将军、中军都督府都督佥事。考讳景弼,左军都督府都督佥事。"南京图书馆沈氏鸣野山房旧藏明弘治六年(1493)刊本。庶几可证,徐膺绪长子景珩或亦曾易名景弼。

㉙《明英宗实录》卷217,景泰三年六月戊辰,第4680页。

㉚《武职选簿》之《南京见设卫所·亲军卫·锦衣卫》,中国第一历史档案馆、辽宁省档案馆编:《中国明朝档案总汇》第73册,桂林:广西师范大学出版社,2001年,第15页。

㉛ 据墓志，中山王徐达五世孙徐铎正室夫人陈氏的祖父为南京右军都督府都督陈政，父亲为南京济川卫指挥使陈璇。

㉜《武职选簿》之《南京见设卫所·亲军卫·锦衣卫》，中国第一历史档案馆、辽宁省档案馆编：《中国明朝档案总汇》第73册，第21、22页。

㉝《明太宗实录》卷69，永乐五年秋七月辛巳，第979页。

㉞ 朱嗣宗墓志系以长、宽各40厘米的青砖刻制，志盖以双勾的手法阴刻篆书"故训导菜窝先生朱公墓志铭"4行12字。志文首题同篆盖，正文共23行，主要内容为："先生臕（讳）嗣宗，字以孝，姓朱氏，号菜窝，其先东平人也。曾祖讳喜，以医鸣于时，祖讳德明，仕元真州医学教谕，父讳好谦以儒术闻国朝，洪武初任扬之宝应儒学训导，因家焉，后官至临安府儒学教授。先生生元戊戌十一月二十有七日，幼颖悟读书过目不忘，既长，习举子业，遂以明经荐分教淮安府庠，时洪武戊辰也。又十年，改训湖之德清。先生遇人以恩教人以义，故所至，士皆造就，无不颂其德者。永乐戊子，先生以秩满至京，时中山武宁王之孙年甫弱冠，以世勋袭封魏国公，上命选有才德者以教之，天官遂以先生应诏。既拜，命先生导之以忠孝，文之以礼乐，虽祁寒暑雨，靡有遗怠。故公德器成就，皆先生之功也。而又能三世于医，尝寓居于江东门，凡有疾求者，先生闻之，无不赴，赴之无不效，然亦未尝望其报也。永乐己巳七月三日，以疾终于寓所，享年六十有二，配钱氏，同郡司训仲良之女……将以是月十八日辛酉奉柩葬于安德门安德乡之原。"

㉟ 参见《明史》卷125《徐达传》，第3731页；《明太宗实录》卷233，永乐十九年春正月壬辰，第2256页。

㊱《明仁宗实录》卷3上：永乐二十二年冬十月"乙巳复徐（原文误作'除'）魏国公。钦，永乐十九年自南京来朝，不数日，遽辞归，特命削爵凤阳为民。至是复至，上念中山武宁王开国元勋，复钦爵禄，俾奉宗祀"。第90、91页。

㊲《明仁宗实录》卷4下，永乐二十二年十一月庚子，第155页。

㊳《明英宗实录》卷159：正统十二年冬十月辛酉，"故魏国公徐显宗祖母李氏奏年已八十，不幸显宗蚤世，无人侍养。显宗有遗腹子梓童保，乞俾袭爵，庶有禄可仰以终余年……未几，梓童保卒，乃住支"。第3092页。

㊴ 按，含山大长公主之子，向仅知有宣德十年（1435）十二月被任命为孝陵卫副千户的长子尹勋和天顺六年（1462）十月被任命为南京锦衣卫镇抚司带俸百户的次子尹辉和尹玉，其行实详见：a.《明英宗实录》卷12、第217页与同书卷345、第6971页；b.中国第一历史档案馆、辽宁省档案馆编纂：《中国明朝档案总汇》之《武职选簿·南京见设卫所·亲军卫·锦衣卫》，第73册，第63页。至于何妙莲墓志所云徐钦女夫、含山大长公主次子尹淳，则未见史载。

㊵ 郑晓：《今言》卷1，载《历代史料笔记丛刊》，北京：中华书局，1984年，第25页。

侯门园林今何在？
——从瞻园的前世今生看传统园林的象与境

史文娟　南京大学建筑与城市规划学院

"园囿之废兴，洛阳盛衰之候也。"[①]自北宋李格非（约1045-1105）名篇《洛阳名园记》后，园林兴废在传统文人的文本论述中便常与其所在城市的盛衰相提并论。万历十七年（1589）王世贞（1526-1590）作《游金陵诸园记》，开篇将明代南京与北宋洛阳相对照："金陵为我高皇定鼎之地"，论"江山之雄秀与人物之妍雅，岂弱宋故都可同日语"，并据此断言，南京园林亦"必远胜洛中"[②]。

李格非时期的洛阳作为汉唐旧都、北宋西京，历史遗迹繁多、公卿贵戚咸集；王世贞时期的南都亦不遑多让：六朝古都、明代留都、五府六部具备，是江南文化与政治中心，"公侯戚畹，甲第连云，宗室王孙，翩翩裘马"[③]。尤其中山王徐达（1332-1385）一门久居金陵，其时已承袭至第八任魏国公徐邦瑞（？-1589），家族根深叶茂地位显赫。《游金陵诸园记》中记录了16座园林，前11座皆属"中山邸"。

300年弹指一挥，转眼至20世纪30年代，知名建筑学家童寯（1900-1983）为撰写《江南园林志》赴宁考察，愚园、瞻园、煦园、颐园彼时尚存，其中愚园与瞻园分别可追溯至《游金陵诸园记》中的侯门园"西园"（属四锦衣徐继勋）与"西圃"（属魏国公）。《江南园林志》搜集园林相关的绘画作品，实地拍摄照片，还以现代测绘手法记录下各个园林的平面，是为传统园林现代研究之开端[④]。

而今的南京，除愚园、瞻园进一步修缮后对公众开放，南京市政府还在原东园基址兴建了白鹭洲公园，依莫愁湖又复建莫愁湖公园，《游金陵诸园记》中11座巨丽堂皇的晚明侯门园遗世4座。

一、流变

这4座侯门园中，属瞻园的流变脉络最为清晰，堪称明清南京历史发展的一个缩影。（详见下表）

明清瞻园流变梳理[⑤]

	年代	事件与变动	相关历史文本
1	第一任徐达（1370-1385）	初为织室马厩后为瓦砾场	《游金陵诸园记》：当中山王赐第时，仅为织室马厩之属，日久不治，转为瓦砾场
2	第七任徐鹏举（1518-1571）	园林初创曰"西圃"	《游金陵诸园记》：太保公始除去之，征石于洞庭、武康、玉山，征材于蜀，征卉木于吴会，而后有此观

3	第八任徐邦瑞（1572-1589）	增建	《游金陵诸园记》：至后，一堂极宏丽，前叠石为山，高可以俯群岭，顶有亭，尤丽，曰："此则今嗣公之所创也，公居平日必一游，游必以声酒自随，取欢适而后罢去，即寒暑雨雪无间也。"
4	第十任徐弘基（1595-1645）	拓建 定名"瞻园"	龚翔麟《田居诗稿》卷四《瞻园别诗·序》：岁丁巳，家君开藩江左，官廨为徐中山故第，其裔孙六岳老人拓境西偏，疏泉帖石，构亭台其间，署曰"瞻园"
5	顺治二年（1645）	府邸设为"江南布政使署"	
6	康熙六年（1667）	府邸改"安徽布政使署"	
7	布政使龚佳育（1677-1683）		龚翔麟《田居诗稿》卷四有《瞻园别诗》，卷七有《和瞻园忆旧诗》；章藻功《侍御龚蘅圃瞻园忆旧诗跋》；朱彝尊《题瞻园旧雨图》二首，等
8	不详		袁江《瞻园图》[⑥]
9	布政使李馥（1720-1722）		李馥《居业堂诗稿》；薛雪《斫桂山房诗存》中有《瞻园五首》《戏赠瞻园海棠》，等
10	布政使陈德荣（1745-1747）		袁枚《随园诗话》：密山先生，讳德荣，人淳朴而诗极风趣。每瞻园花开，必招余游赏
11	布政使托庸（1755-1761）	整修瞻园以迎乾隆驻跸 乾隆钦赐"瞻园"匾额（1757）	法式善《八旗诗话》：托庸，字师健，别号瞻园，满洲人……瞻园为徐中山别业，常与宾客僚佐觞咏其间，因以自号。南人又谓之"簪园"； 《（雍正）八旗通志》：所居曰瞻园，中有十八景，具池沼竹木之胜，暇则觞咏于此； 托庸《瞻园诗钞》； 袁枚《瞻园十咏》《谢瞻园托大中丞赐牡丹启》《瞻园为托师健方伯作》（平台／抱石轩／老树斋／秭生亭）
12	乾隆二十五年（1760）	府邸改"江宁布政使署"	
13	布政使永泰（1765-1767）		袁枚《瞻园小集诗序》
14	布政使梁国治（1768-1769）		袁枚《赠江宁方伯梁瑶峰先生》
15	布政使陈奉滋（1791-1796）		姚鼐《瞻园松石歌为陈东浦方伯作》《陈东浦方伯招饮瞻园次韵》《游瞻园和香亭同年兼呈东浦方伯及在座诸君八首》
16	道光四年（1824）	衙署遭火灾	
17	布政使成世瑄（1840-1842）	复建	成世瑄《瞻园雅集记》：余承乏来兹，爱其水石澄姻，林峦郁蔚，而十八景之旧，所谓木香廊、梅花坞诸胜，已不能复指。 汤雨生、袁竹畦《瞻园侍养图》《瞻园雅集图》
18	太平天国时期（1853-1864）	先后为东王杨秀清、夏官副丞相赖汉英、幼西王萧有和之居所	
19	同治三年（1864）	焚毁	

20	布政使李宗羲 （1865-1869）	重建亭榭	李宗羲《江宁布政使署重建记》：宗羲乃于署之西偏瞻园故址，因其水石之旧，薙芟除秽，扶倾累仆，临池为榭，冠阜以亭，匪以自娱，略存遗迹
21	布政使梅启照 （1869-1877）	增建台桥等	
22	布政使黄建笎 （1903-1905）	略加修葺，建绿墅亭、迎翠榭	黄建笎《瞻园记》：今年春爰捐赀略加修葺，补栽修竹，复其亭曰绿墅；于西隅山坡辟一草榭，曰迎翠。深林峭石，四望宜人。观斯园之兴替，慨今昔之各殊。 张之洞《瞻园》； 黄建笎《瞻园步南皮张宫保元韵》； 樊增祥《瞻园》《奉和张宫保金陵杂诗》等
23	布政使李佳继昌 （1906-1908）	荒芜	李佳继昌《瞻园记》

瞻园的流变分明清两个清晰的阶段：

（1）明代：魏国公之府邸傍宅园

明代初期，因国家休养生息政策，园林之事不兴；后经济渐趋稳定繁荣，第七代魏国公徐鹏举在魏国公府邸一侧营造傍宅园，是为瞻园之始，时称"丽宅西园"或"西圃"。因明代侯爵世袭罔替的承袭制度，瞻园主人为继承爵位入住府邸的历任魏国公。在徐鹏举后的近70余年，瞻园又经过了三任魏国公的不断经营。

作为紧邻侯门府邸的傍宅园，瞻园与魏国公家人的生活紧密联系，私密度极高，仅留都中位高权重者才有机会出入。"公之第西圃，其巨丽倍是，然不恒延客，客与者唯留守中贵人、大司马及京兆尹丞耳"[7]，这也造成了有关瞻园（西圃）的明代文本寥寥。我们当下能够追溯到的、较为详细的记录，也还是来自时任南京刑部尚书王世贞的这篇《游金陵诸园记》[8]。

（2）清代：布政使之衙署园

明清鼎革后，魏国公府邸先后成为江南省布政使司署（1645-1667）、安徽布政使司署（1667-1760）、江宁布政使司署（1760-1911）所在地，瞻园顺势成为衙署园林，园主人换作历任布政使。布政使以瞻园作为其宴请宾客的社交场所，与瞻园相关的吟咏唱和文本也日益增多，其使用状况与布政使履职的时间长短及其个性密切相关。

在安徽布政使司署的百年间共有39任布政使。最后一任安徽布政使托庸，曾在乾隆五年至六年（1740-1741）短暂任职，又于乾隆二十年（1755）复任，后在府邸改为"江宁布政使司署"后，继任江宁布政使至1761年[9]。想必托庸深爱瞻园，自号瞻园，并为迎接乾隆皇帝的御驾亲临，精心打造园林，奠定了瞻园繁盛时期的"十八景"。咸丰三年（1853）太平军攻克南京，江宁布政使司署先后成为东王杨秀清的暂驻之所、夏官副丞相赖汉英居所和幼西王萧有和王府。同治三年（1864）湘军屠城七日，随着太平天国的失败，瞻园也最终化为废墟，残垣断壁，瓦砾遍地。虽则继任布政使李宗羲于同治四年（1865）对府邸及瞻园进行了复建，但毕竟财力远不及当年，胜景不再；且随着清政府在内忧外患的情势下逐渐式微，江宁布政使调任频繁，从同治四年至清朝灭亡短短40余年内，更换了22任布政使，瞻园之情状亦可想而知[10]。

民国时期，布政使司署转变为民国政府机构所在地，初为江苏省省长公署，后为国民政府内政部、中统局和汪伪水利委员会等，瞻园复又成了这些走马灯似的民国官员的社交场。当下的瞻园是中华人民共和国成立后数次修建的结果。一期工程由南京工学院（今东南大学）建筑系刘敦桢先生 1960 年主持，并于 1966 年初步建成大致格局；二期工程于 1986 年借夫子庙建设之机会由叶菊华先生主持[⑪]。

二、设问

英国牛津大学艺术史系教授柯律格（Craig Clunas）在研究拙政园时提出过一个问题：考虑到几个世纪以来持续的演变，"从某种意义上说，拙政园并不是独一无二、不可替代的物质存在"，那么在这种情况下，"如果拙政园的名气不是源于景致自身的不朽魅力，那拙政园何以成为'江南古典园林的代表作品'？"[⑫]

上一节的"流变"可以看出，这个问题同样适用于瞻园：从第七代魏国公初创的、外人鲜至的傍宅园西圃，到作为历任布政使交际场的衙署园林，再到如今面向广大人民群众开放的公共园林，瞻园历经数次重建，其功能之流变，布局之变迁，不可谓不巨，然则瞻园屡败屡兴，其名声非但未减反倒日隆，时至今日我们依然不断搜集相关的文本、绘画，追忆其往昔荣光，并乐此不疲。中国传统园林的"景致"，或者说作为园的"物质存在"，在时光流变中仿佛并不重要，反倒是与园相关的人物和文本，是园得以"存在"的关键，或说是园之为园的核心所在。柯律格教授的问题无意间点出了中国传统园林的一个普遍现象。

与南京关系密切的、园林史上著名的小型文人园——芥子园，是戏剧家李渔（1611-1680）清初在南京旅居期间（约 1662-1677）营建的一座小型别业。巧合的是：李渔曾在《卖山券》一文中表达了中国园林之所以"存在"的个人理解，似乎正好回应了柯律格教授的问题。

> 山可买乎，不可买乎？……曰：可买，第非青铜白镪所能居而有焉。青铜白镪能购其木石，不能易其精灵；能贸其肢体，不能易其姓名。然则恃何以居之？曰：恃绝德畸行，与瑰玮之诗文。其价值足与相当，则此山遂改易姓字、竭精毕能以归之，虽历古今、变沧桑，不二其主。[⑬]

其文指出，园（"山"）可以买卖流转，但园之为园者，除本身的物质存在（"木石"）外，更有其"精灵"所在。园之"精灵"存续仰赖两样东西：园主人的"绝德畸行"与"瑰玮诗文"——一旦某个园林得其一，即便经历漫长的时间流转和巨大的空间转换（"虽历古今、变沧桑"），却能"不二其主"，以至不朽。当下芥子园在城南复现成为李渔戏剧成就与生活美学的展览场所，某种程度上也印证了这一观点。

"绝德畸行"与"瑰玮诗文"实则是中国传统儒家"三不朽"价值观的进一步拓展：

> 太上有立德，其次有立功，其次有立言。虽久不废，此之谓三不朽。（《左传·襄公二十四年》）

"绝德"即高尚的道德，是为"立德"；"畸行"是在"立功"基础上的拓展，既有儒家价值观中的建功立业，也包含任性豁达、超然物外、不同常人的行为方式；"瑰玮诗文"则对标"立言"。在此价值观层面上，我们得以理解李文叔笔下的独乐园，为何能以卑小的格局、简陋的建筑，在诸多奢豪洛阳园林中占一席之地。

> （独乐园）卑小不可与他园班。其曰"读书堂"者，数十椽屋；"浇花亭"者，益小；"弄水种竹轩"者，尤小；曰"见山台"者，高不过寻丈；曰"钓鱼庵"、曰"采药圃"者，

又特结竹杪，落蕃蔓草为之尔。温公自为之序，诸亭台诗，颇行于世。所以为人欣慕者，不在于园耳。[14]

独乐园在洛中诸园最为简素，人以公之故，春时必游。[15]

司马光（1019-1086）在政治失意的背景下退居洛阳营建独乐园，他所作的《独乐园诗七题》《独乐园二首》《南园杂咏》（独乐园又称南园）等一系列以独乐园为主题的诗文作品，是其"坚守政治立场、道德操守、实践人生践履的诗意宣言，又是司马光仕途外人生道路、生活态度、生活方式的风雅追求"[16]，也正因此，独乐园春时游人甚多。游客游园是出于对园主人的诗文及其道德追求的仰慕与认同，非为欣赏园中景致——"所以为人欣慕者，不在于园耳"。司马文正公一生立德立言，足以垂范青史，而独乐园成为其道德境界的物质载体，并因之长盛不衰屡有回响。

回到瞻园。当其在明代，作为西圃专供侯门生活起居，并非魏国公的主要社交场，鲜见于文人记载，故声名不显[17]。"公（徐邦瑞）居平日必一游，游必以声酒自随，取欢适而后罢去，即寒暑雨雪无间也"[18]。围绕着"瞻园"名称缘起的疑问与考证，也侧面印证这一点[19]。瞻园的声望始于清代，与清代执政者对徐达历史功绩的肯定直接相关。

中国传统执政者历来遵从儒家思想治国，对前朝开国功臣往往予以褒奖。布政使司署中始终保留祭祀徐达的场所，每任布政使莅任之初必先祭奠。在清廷广集天下有才之士，历经90余年修成的《明史》中的《徐达、常遇春赞》，通过对比徐达与另一位明代开国名将——开平王常遇春（1330-1369）的个人及子孙命运，给予徐达德行以最高程度的褒奖。赞曰：

明太祖奋自滁阳，戡定四方，虽曰天授，盖二王之力多焉。中山持重有谋，功高不伐，自古名世之佐无以过之。开平摧锋陷阵，所向必克，智勇不在中山下；而公忠谦逊，善持其功名，允为元勋之冠。身依日月，剖符锡土，若二王者，可谓极盛矣。顾中山赏延后裔，世叨荣宠；而开平天不假年，子孙亦复衰替。贵匹勋齐，而食报或爽，其故何也？太祖尝语诸将曰："为将不妄杀人，岂惟国家之利，尔子孙实受其福。"信哉，可为为将帅者鉴矣。[20]

"公忠谦逊，善持其功名……为将不妄杀人"，此为立德；"持重有谋，功高不伐，自古名世之佐无以过之"，此为立功。中山王徐达有勇有谋、居功不傲的德行与历史功绩，通过清修《明史》得以正式"彪炳史册"；后乾隆皇帝第二次南巡（1757），又以题匾的形式加以公开肯定与褒奖；乾隆三十二年（1767），乾隆帝再令仿瞻园之制建如园于京师西郊长春园，并陆续写就数十首《如园》诗："境写中山遥古迹，石移西岭近云根"（1770）、"如园本是肖江南，今日江南肖实堪"（1776）、"借问如园何所如，金陵徐邸肖为诸"（1781），等等。《明史》对于徐达德行与功绩的定调以及来自最高统治者的推崇，终令这座昔日侯门私园得以名闻天下，声望到达顶点，并自此成为清代南京园林的"顶流"，享"金陵第一园"之美誉。

三、"境"生"象"外

借用童寯先生的说法，造园这一行为，实则是"通过物质手段企图满足精神上某种需求"，东西方园林表现出来的差异归根结底是源自"东西方哲学观点、风俗习惯，彼此径庭"，并且这种区别是"永久性的，偶成同调则是暂时的，中途不期而遇，就又分道扬镳"[21]。柯律格教授的问题源于典型的西方艺术史视角，反映了东西方艺术哲学差异。

西方哲学的主题是知识。苏格拉底曰"未经审视的人生是不值得过",人需要用理性来审视人生;又言"美德即知识",所以人生问题的解决转化为知识问题的解决。知识问题的解决取决于对万事万物存在之根据的理性把握和概念确认,通过理性认识把握事物的本质和规律,进而达到真理——真理在理性逻辑中。"从认识论上说,这种思维方式就是通过层层抽象的方法逐渐接近从而最终达到对世界乃至宇宙的最高的普遍性的认识。"[22]

在这样的哲学观念下,西方艺术向来重视客观实体,致力于对"客观""真实"世界的描摹,并认为辉煌的文明与雄伟的创造物相伴相生,文明史也必然是由这些纪念碑似的创造物串联而成[23]。所以,持续变动的或者已然丧失实体的"园",居然可以在时间与空间的维度长久"存续",这样的历史逻辑对于西方艺术史学家而言实在是难以想象,于是自然而然地成为一个问题。

中国传统哲学主题始终围绕人生问题展开,认为普遍真理存在于人的生命情感中。对于知识问题的研究,出发点和方法论与西方截然不同。梁从诫(1932-2010)曾从中国类书和西方百科全书的知识选择倾向、分类格局等方面的差异出发考察中西方知识观,发现西方传统的知识重点在对客观世界认识,而中国类书则全以人为中心[24]。中国哲学始终追寻着存在的意义,而非致力于建构思辨的世界。从这样的中国传统文化中生发出来的艺术——诗文书画直到园林,说到底都是人生的艺术、生命的工具,是实现与提升人生境界的物质载体,与其"主人"密不可分:"园亭不在宽广,不在华丽,总视主人以传"[25]。同时这些传统艺术(诗文书画)也共享着对人与自然关系的理解,进而呈现出共通的美学特质,究其背后的根基实则共同为传统哲学中"天人合一"的理念。

在古代中国的诗文、绘画、园林、题画以及各自的论著中,尽管艺术介质和形式有所差异,但仍广泛存在景观学意义上的互文,涉及以欣赏的态度观看、呈现大自然时采用共通的价值取向和美感话语[26]。

"天人合一"这一人与宇宙万物的关系是儒家和道家的共同出发点,儒家重"人",道家重"天";人道、天道统一为"道",是中国传统哲学的核心。人与自然的统一,亦即人道与天道的统一;能否到达至高的道德境界、成就至善的人生,取决于能否体认和觉解天道。区别于以人为主体、自然作客体的西方本体论哲学,在中国传统哲学观下人与自然的关系体现为一种主客体交融的状态。

仅就园林发展史而言,如果说东晋简文帝司马昱(320-372)当年步入华林园[27],所说的那句"会心处,不必在远。翳然林水,便自有濠、濮间想也"(《世说新语》),开启了传统园林中追求人与自然合一的传统。那么这种追求,在晚明文人造园家计成(1582-1642)对于园林"借景"的论述中达到极致。

> 构园无格,借景有因……因借无由,触情俱是……物情所逗,目寄心期,似意在笔先,庶几描写之尽哉。[28]

游览过中国传统园林的人都知道,园林的妙处在观者与景致之间持续互动。"朝而往,暮而归,四时之景不同,而乐亦无穷也",园林之妙境需要在时间和空间的变动中去感受;"荷风送香气,竹露滴清响",园林之妙境需要动用人体的全部感官去享受;"天上人间诸景备,芳园应赐'大观'名",园林中无处不在的题咏又引导观者调动自身文学与历史的素养去神游。这些景观学的互文、主客体的互动统统无法用客观的"测量"方式表达,园林本身实际上构成了一个复合的时空场域,需要观者在实际的体验中激活。也正因如此,童寯先生在《江南园林志》中以现代测绘学的方法测绘记录了园林平面,与此同时却又保持了恰当的审慎:他所绘制的园林平面图与惯常的、严谨的平面图不同,尺寸约略,建筑物之间的关系也非客观呈现,而是经过现场视觉感受人为校正的,而他个人对此做了解释:

> 惟所绘平面图，并非准确测量，不过约略尺寸。盖园林排当，不拘泥于法式，而富有生机与弹性，并非衡以绳墨也……昔人绘图，经营位置，全重主观。谓之为园林，毋宁称为山水画。抑园林妙处，亦绝非一幅平面图所能详尽。㉙

刘禹锡"境生于象外"之语，通常被用来解释诗的境界问题。"境"指人的内心感受及意识的对象化呈现；"象"是物质实体本身的呈现，所谓"物生而后有象"（《左传·僖公十五年》）。简单来说，"境生象外"是指"境"在时间和空间上对有限的"象"的突破和超越。笔者以为，以"境生象外"来概况传统园林的特质也是恰如其实。以瞻园为例：在时间维度上，瞻园作为中山王道德境界之载体，时间上的"象"在变动，而道德境界并不依赖园林具体的"象"，所以屡毁屡兴绵延至今，所谓"园以人存"；在空间维度上，历次的瞻园营建，其当时的"象"都符合彼时的场地与实际的功用，并都追求普遍意义上的传统园林的审美境界，空间上的"象"在变动，而其"境"的逻辑一直未有改变。

中国传统哲学令国人有可以体认"空"的智慧，未曾断裂的悠久文明更令我们懂得，精神家园的存续并不简单依托于一时一地之物质长存，而在于面临新的挑战时是否有自我更新的意愿与能力，以及这些意愿与能力是否延续了传统文明的精神传统。国人对传统园林的认知正是这种智慧的具体体现。

> 作为一个"空"场，这种墟不是通过可见可触的建筑残骸来引发观者心灵或情感的激荡：在这里，凝结着历史记忆的不是荒废的建筑，而是一个特殊的可以感知的"现场"（site）。因此，"墟"不是由外部特征得到识别的，而是被赋予了一种主观的实在（subjective reality）：激发情思的是观者对这个空间的记忆和领悟。㉚

四、结语

诚如王世贞所言，明代留都江山雄秀，人物妍雅，名园云集，"远胜洛中"。与古都洛阳一样，特殊的战略地位给南京带来了几番都城建设，也带来了战争频仍，兴废之间，构筑起一个厚重迷人的记忆场域。"江南佳丽地，金陵帝王州。逶迤带绿水，迢递起朱楼。"这是南北朝诗人谢朓（464-499）笔下的金陵，何其清丽，何其繁华。然而金陵城的王气中却又始终弥漫着氤氲的悲剧感，"乌衣巷不姓王，莫愁湖鬼夜哭，凤凰台栖枭鸟"（《桃花扇》）。时间长河奔流不息，无数人物事件在此间积淀留痕，传递信念，传承文明。"境生象外"的智慧，不光在认知园林，也在认知城市。

明城墙是明初30余年的国都建设为南京留下的"洪武遗产"之一，这座世界最长、保存最好的古代城垣至今矗立，无声凝视着现代都市的灯红酒绿车水马龙，虽其主体部分为明代砌筑，但同时也因势利导地将东吴石头城和南唐城墙的部分段落纳入其中，所谓"与古为新""返本开新"，新与旧并非对立，而是携手共同面向未来。而在废弃矿坑和水泥厂旧址上依势而建的江苏园博园，可以说也是这种传承与创新理念在园林建设上的一次具体实践。㉛

今日之瞻园，地处人流如织的夫子庙景区，旧园新园融为一体，妩媚清雅，是附近居民晨练的好去处，也为闹市中游客提供了一隅静谧之地，偷得浮生半日闲，坐看云卷云舒，体会历史沧桑。回想1000多年前，刘禹锡（772-842）在金陵城南乌衣巷的斜阳下发出感叹："旧时王谢堂前燕，飞入寻常百姓家。"而今倘若我们再问：侯门园林今何在？答案何其类似。纵观中国传统园林的发展，从皇家贵胄逐步下沉至民间，其趋势符合"百姓日用"之常道，中国传统园林也必将存续在文人笔记、画家画作里，鲜活在南京山水间，勃发在人民日常生活中，在中国人独特的自然观里，在历史与未来之间，绵延不绝生生不息。

注释：

① ⑭ 李格非、范成大：《洛阳名园记、桂海虞衡志》，北京：文学古籍刊行社，1955年，第11-13页。

② ⑦ ⑱ 王世贞：《弇州山人四部续稿》卷64《游金陵诸园记》，史文娟、陈智点校，史文娟：《明末清初南京园林研究：实录、品赏与意匠的文本解读》，南京：东南大学出版社，第286-299页。

③ 余怀：《板桥杂记》，薛冰点校，南京：南京出版社，2006年，第9页。

④《江南园林志》中，愚园收集版画1幅（《清光绪二十四年刊白下愚园集》），摄照片4幅，自绘平面图1幅；瞻园收集界画1幅（袁江《瞻园图》），摄照片4幅，自绘平面图1幅；煦园摄照片6幅，自绘平面图1幅；颐园则为杨廷宝先生赠摄照片1幅，并赠绘平面1幅。

⑤袁江最早的作品绘制于康熙二十七年（1688），最晚的作品绘制于乾隆十一年（1746）。《瞻园图》从画法来看是袁江较为早期的作品（参见聂崇正：《袁江、袁耀及其绘画艺术》，《中国书画》2005年第9期）。故而我们可以推测，袁江的《瞻园图》大约绘制于康熙末年的安徽布政使时期。

⑥根据以下文章及著作整理而成：

- 胡祥翰：《瞻园志》，南京：南京出版社，2019年。
- 张蕾、袁蓉、曹志君：《南京瞻园史话》，南京：南京出版社，2008年。
- 鲁维敏：《诗意瞻园——对清代有关瞻园诗词歌赋的解读》，《南京晓庄学院学报》2013年第5期。
- 李辉：《瞻园年表简编》，《文教资料》2016年第36期。

⑧南京大学胡恒老师认为晚明宫廷画师吴彬（1550-1643）的《岁华纪胜图》中的三幅园林皆为南京园林，其中《赏雪》所绘园林即为瞻园。（详见《正反瞻园——吴彬的〈岁华纪胜图〉与明代南京园林》及《东园"玩"水——吴彬〈结夏〉图中的瀑布、双池与冰山》）严格说来，吴彬以宫廷画师身份绘制的《岁华纪胜图》是有教化意味的风俗画，其目标是为体现月令民俗而非描绘实景，画中场景为各处采风后的凝练加工（如《端阳》中的廊桥就明显有其家乡福建的影子）。就《赏雪》而言，姑且不谈仅为中书舍人（从七品）的吴彬是否有资格进入侯门私域的西圃，仅就艺术表达形式来说，传统绘画绘制山水，其空间组织服从绘画本身的构图原理，用心灵之眼"以大观小"笼罩全景，组织成气韵生动的艺术画面，绝非机械照相。如我们今日已然视作较为写实的袁江界画《瞻园图》中，绘者出于整体构图考虑，将大报恩寺安排在瞻园西北的城墙内（事实上大报恩寺位于瞻园西南的城墙外）。除了《赏雪》与王世贞相关文字间的模糊对照外（图文之间尚且也还有年代之隔），并未有更确凿的证据，故此存疑。

⑨参见孙德全：《康雍乾时期江南布政使研究》，硕士学位论文，湘潭大学，2009年。

⑩张蕾、袁蓉、曹志君：《南京瞻园史话》，南京：南京出版社，2008年，第20页。

⑪参见叶菊华：《刘敦桢·瞻园》，南京：东南大学出版社，2013年。

⑫柯律格：《蕴秀之域：中国明代的园林文化》，孔涛译，开封：河南大学出版社，2019年，第22页。

⑬李渔：《笠翁一家言文集》卷2《卖山券》，《李渔全集》，王翼奇校点，杭州：浙江古籍出版社，1991年，第128页。

⑮胡仔纂集：《苕溪渔隐丛话》后集卷22，廖德明校点，北京：人民文学出版社，1962年，第158页。

⑯宁群娣：《论司马光独乐园诗文的政治和文化意义》，《江西社会科学》2013年第3期。

⑰《游金陵诸园记》中载："魏公'南园'者，当赐第之对街，稍西南，其纵颇薄，而衡甚长……主人肃客，大合三部乐，轰饮至一鼓，乃罢去……居三月所，大司马吴公复延余于兹园……时客为大司寇陆公、少司寇张公，不甚宜酒，余宜酒，而意忽忽不乐，飞数大白，乃别。"魏国公府邸对门的"南园"，也属于魏国公。王世贞曾在南园与众人宴饮两次，一次为魏国公亲自做东，另一次宴请主人则是大司马，南园在某种意义上成为供高级官员宴饮的俱乐部。

⑲"瞻园"之名清代以来都认为是乾隆所起,然而学者又考证其为徐达十世孙徐弘基题名。参见鲁维敏:《诗意瞻园——对清代有关瞻园诗词歌赋的解读》,《南京晓庄学院学报》2013年第5期。

⑳《明史》卷125《徐达传》,北京:中华书局,1987年,第3738页。

㉑童寯:《中国园林对东西方的影响》,《童寯文集》(第一卷),北京:中国建筑工业出版社,2000年,第251-252页。

㉒张志伟:《现代西方哲学对西方文明的反思》,《中共中央党校学报》2007年第1期。

㉓如艺术史学家巫鸿教授提出"纪念碑一直是古代西方艺术史的核心",参见巫鸿:《中国古代艺术与建筑中的"纪念碑性"》,李清泉、郑岩等译,上海:上海人民出版社,2017年,第2页。

㉔参见梁从诫:《不重合的圈——梁从诫文化随笔集》,天津:百花文艺出版社,2003年。

㉕钱泳:《履园丛话》,孟斐校点,上海:上海古籍出版社,2012年,第369页。

㉖萧驰:《诗与它的山河:中古山水美感的生长》,北京:生活·读书·新知三联书店,2018年,第18页。

㉗华林园,著名皇家园林,孙吴始建,定名在东晋,成型于宋时,隋灭陈而尽毁,位置约在今南京鸡鸣山南古台城内。

㉘计成:《园冶注释》,陈植注释,北京:中国建筑工业出版社,1988年,第243-247页。

㉙童寯:《江南园林志》,北京:中国工业出版社,1963年,第3页。

㉚巫鸿:《废墟的故事:中国美术和视觉文化中的"在场"与"缺席"》,肖铁译,上海:上海人民出版社,2017年,第28页。

㉛渣土堆积而深不见底的废弃矿坑,经过系统的生态修复与精心的规划设计,以江南园林群落的形式整合艺术、文化、度假等功能,为人民群众提供了一处休闲消费的场所,既符合现代生活功能需求,又展现了园林的历史与文化、艺术与技术、传承与发展。参见陈薇:《"静谧"与"蜩沸"——当江南经典园林遇见公共性》,《建筑学报》2022年第8期。

地方意识与游冶品评

——17世纪金陵胜景图文形塑探析

万新华　江苏省美术馆

一、明代之前的金陵胜迹之文学书写

作为六朝古都的金陵襟江带河，依山傍水，山水城林交相辉映，人文景致相得益彰。所谓"人物俊彦，文学昌盛"，自古以来，名士文人多愿会聚于此，赋予这座城市独特的人文情怀。乌衣巷高门大院中走出的书圣王羲之、王献之父子，寓居定林寺完成《文心雕龙》的刘勰，泼洒"水墨淡彩"的南唐画家徐熙……文人墨客在这里尽情施展才华，演绎着他们的惬意人生，留下了绚丽炫目的文采风韵。

金陵城拥有一系列令人骄傲的名胜古迹，为历代文人所吟咏，出现了金陵览古、金陵百咏之类的记载。几乎每一胜迹，都有层出不穷的文学叙述作为其历史背景与意义支撑。层累叠加的文学书写，使得每一胜迹拥有深厚的文化底蕴。

中唐时期，诗人刘禹锡（772-842）撰写了一组脍炙人口的吟咏金陵名胜的诗，总题《金陵五题》，包括石头城、乌衣巷、台城、生公讲堂、江令宅五篇。

石头城
山围故国周遭在，潮打空城寂寞回。淮水东边旧时月，夜深还过女墙来。

乌衣巷
朱雀桥边野草花，乌衣巷口夕阳斜。旧时王谢堂前燕，飞入寻常百姓家。

台城
台城六代竞豪华，结绮临春事最奢。万户千门成野草，只缘一曲后庭花。

生公讲堂
生公说法鬼神听，身后空堂夜不扃。高坐寂寥尘漠漠，一方明月可中庭。

江令宅
南朝词臣北朝客，归来唯见秦淮碧。池台竹树三亩余，至今人道江家宅。

这些六朝胜迹，成为当时金陵历史文化的代表。实际上，明代之前，诸如咏史诗、怀古诗等文学叙述在金陵胜迹的文化形成、传播中一直承担着重要的作用。金陵胜迹在历代文人的吟咏中得到持续的关注并获得广泛的认同，当地六朝遗迹已成为重要的怀古意象，如"凤凰台上凤凰游""一水中分白鹭洲""乌

衣巷口夕阳斜"等。以石头城为例，不仅刘禹锡，而且张祜、李群玉（808-862）、罗邺（825-?）、陈贶等人先后写过以此为题的诗篇[①]，其他诗人在涉及江宁（或金陵、上元）的诗篇中，也经常提到石头城。晚唐诗人韩翃《送客之江宁》云："朱雀桥边看淮水，乌衣巷里问王家""楚云朝下石头城，江燕双飞瓦棺寺"[②]，二句涉及金陵多个历史遗迹，其中石头城、乌衣巷两处均得自刘禹锡《金陵五题》，充分体现了对刘诗金陵胜迹的认同。

综合考察，刘禹锡《金陵五题》皆面指金陵六朝古迹的五个核心意象，由中心点向外发散，还可联系到更多地点，包括诗中明确提到的秦淮河、朱雀桥、王谢华堂、结绮阁、临春阁，以及暗寓于字里行间的六朝宫殿、雨花台等。这种积零为整、先分后合的组诗结构和文本形式，演绎成一种较为概括的金陵胜迹论述体系，虽规模不大，但用笔集中，选点精确，具有一定的标志性意义。从某种程度而言，《金陵五题》或可说是刘禹锡所品题的"金陵五景"[③]。

南唐时期，诗人朱存留下了有200首规模的《金陵览古》组诗，洋洋大观，现存篇目如《后湖》《北渠》《秦淮》《东山》《新亭》《天阙山》《石头城》《乌衣巷》《段石岗》《阿育王塔》《半阳湖》《潮沟》《直渎》《运渎》《凤凰台》等[④]，所咏皆是金陵历史遗迹。作为金陵人氏，朱存选择金陵诸多历史遗迹作系列吟赏，显然具有浓郁的文化意识。

作为一种文学论述，《金陵览古》组诗在宋代还颇多流传，南宋时出现的《金陵百咏》便是其延续。《金陵百咏》以胜迹为题，由100首七绝组成，每诗前有一节散体文字，以作简明扼要的历史地理叙述，诗句则围绕胜迹抒发感慨，具有强烈的抒情色彩。《金陵百咏》面世伊始，便被祝穆（?-1255）《方舆胜览》和周应合《景定建康志》引述。无疑，《金陵览古》组诗被纳入官方话语权下的地理书写体系之中，成功实现了金陵胜迹的文化意蕴生成。

由此，金陵胜迹在历代文人的吟咏中得到了持续的关注并获得广泛的认同。这种经过代代相衍而成的怀古意象，成为后世金陵胜景图的基础。

二、明末游冶品评文化与金陵胜景图像再现

明初，曾任洪武朝应天府推官的太仓人史谨对金陵胜景进行了品赏。这位"性高洁，耽吟咏"的文人画家，在历览山河之时，十分擅长"某地数景"主题的诗文创作，如"龙潭八景""梁台六咏"等。虽然，他在《独醉亭集》中提出了"金陵八景"的概念，成为金陵胜景的最早记载，但当时并未出现所谓的"金陵八景图"。

史谨的"金陵八景"诗，依次为"钟阜朝云""石城霁雪""龙江夜雨""凤台秋月""天印樵歌""秦淮渔笛""乌衣夕照""白鹭春波"。从地方胜景书写的渊源来看，"金陵八景"应该得自宋代以来流行的"潇湘八景"的启发。据文献记载，《潇湘八景图》最早的记载是沈括《梦溪笔谈》所云的宋迪（约1015-1080）《八景》，分别是"平沙落雁""远浦帆归""山市晴岚""江天暮雪""洞庭秋月""潇湘夜雨""烟寺晚钟""渔村夕照"[⑤]。姑不论宋迪是否真正根据潇湘二水和洞庭湖的实景入画，也不管这些标题是否为后人附会，反正这些依天候和时序变化得来的"晴岚""暮雪""秋月""夜雨""落照""烟""晚"等具有诗情画意的景致在后来的传承中成为一种相对固定的胜景模式。《潇湘八景图》以特定时光搭配特定地点的构想，成了后来其他地区多景式胜景图仿效的对象。

我们不妨将史谨的《金陵八景诗》与宋迪的《潇湘八景图》比较：

史谨《金陵八景诗》	宋迪《潇湘八景图》
钟阜朝云	山市晴岚
石城霁雪	江天暮雪
龙江夜雨	潇湘夜雨
凤台秋月	洞庭秋月
天印樵歌	烟寺晚钟
秦淮渔笛	远浦归帆
乌衣晚照	渔村夕照
白鹭春波	平沙落雁

无论朝云与晴岚、霁雪与暮雪，还是晚照与夕照、落雁与白鹭，以及夜雨、秋月等相似或完全相同的景色描绘用词，明显具有继承、发展的关系。但需要说明的是：与潇湘八景并无确指地域不同，金陵八景中的景致皆有实指。不论是钟山、秦淮、龙江，还是石头城、凤凰台、乌衣巷，要么是自然风景，要么是历史文化遗迹，都是金陵城的地标性景点。后来，史谨对金陵胜景的概括一直影响着后世文人对于金陵历史文化的认知。

然而，金陵本地并没有以经典为描绘对象的图画，由文学转换成图像则迟至明代中期，最早当数《石渠宝笈续编》记载的文徵明（1470-1559）游金陵后创作的《金陵十景图》册。它显然与当时吴门画家纪游山水创作风气密切相关。历史地看，金陵胜景的图像书写受明代中期吴门画家纪游山水创作之影响，以文徵明为代表的苏州画家描写当地景观的重要模式，影响着无数后代画家，其呈现出优雅清丽的笔墨特质、优美深厚的文化意涵，被包括金陵在内的晚明江南文人画家所继承。

众所周知，自永乐十九年（1421）明成祖朱棣（1360-1424）迁都北京，随着朝廷搬迁和大批官员市民北上，政治轴心地位的缺失为金陵营造了相对宽松的生长空间，留都大批虚职的官员做起了寓公，饮酒评画，吟诗填词。伴随城市的政治属性的逐步减弱，金陵的文化特性渐次凸显，失意官员和来自八方的文人骚客纷纷到来，雅集唱和等习尚再起，金陵风流亦因之复苏，城市文化氛围得到进一步发展。由此，晚明的金陵胜景游冶品评不断向文化属性过渡。

其实，随着明代中期以来社会经济的发展，江南的生活风尚逐渐出现新的趋向，旅游已不再是落魄文人的专利，俨然成为一种"名高"之事。何启明（1483-1521）倡言文人能得山水之乐是为有德的表现，时人甚至有"人生不五岳游，而五鼎食何为"的感叹，旅游几乎成为和仕宦并重的大事。

万历四年（1576），曾官监察御史的浙江归安人慎蒙在何镗（1507-1585）所编《古今游名山记》的基础上删繁削冗编撰完成一本雅俗共赏的读物《名山胜记》，辑录晚明两京十三省名山名胜约1317处，介绍其地理位置、历史背景、主要景观及其特色，并附载这些景点相关的名人游记，成为晚明文人士绅重要的旅游指南图书，传播甚广。

在时代风气的影响下，越来越多的文人改变了他们的习惯思维，热衷于山水之中，开始塑造所谓的"游道"，大量的游记作品应运而生。对晚明文人士绅而言，"旅游已经不仅仅是休闲性质的游山玩水，而是标志着一种生命生活的雅化，是一项集自然之美、艺术美与社会生活美为一体的综合性审美活动"[6]。所以，袁宏道（1568-1610）宣称旅游乃士绅之一癖，将旅游视为塑造士绅文化品格的一项重要内容[7]。当然，这种喜欢旅游的风气，从若干晚明士人对自己性格的描述，或者是对某些文人的形容都可以看到，甚至在日常生活中的言谈也多涉及。当时，江南地区风靡游冶，无论是当官的"宦游"或是下层士人的"士游"，十分盛行，诸多旅游手册随之出现。

在这种旅游文化的熏陶下，金陵文人在地方文化意识的促动和驱使下，兴起了一股精选胜景重新品题的风气。嘉靖中期，也正是钱谦益（1582-1664）称之为"金陵之初盛"的时候，活跃于金陵文坛的盛时泰（1529-1578）以祈泽寺龙泉、天宁寺流水、玉泉观松林、龙泉庵石壁、云居寺古松、朝真观桧径、宫氏泉大竹、虎洞庵奇石、天印山龙池、东山寺蔷薇为题，分别吟咏，被称为"十景"⑧。盛时泰十分偏爱古迹，乐游寺观，故所谓的"十景"全为古代寺观奇景，无法准确呈现出金陵胜景的真正面目，并未引起人们的普遍关注。虽然，盛时泰行为夸张奇谲，胜景品赏口味独特，但是他的举动在一定程度上说明了金陵文人的游冶趣味。

与此同时，伴随着沈周（1427-1509）、文徵明（1470-1559）、唐寅（1470-1523）等经常往来于苏州、金陵之间，吴门画派的声誉日益在金陵传播开来，金陵的文化风气和艺术品位悄然发生改变，即从崇尚刚劲豪纵放浪的品位转向清雅文秀的风格。隆庆壬申年（1572）端午，盛时泰的好友、长期生活于金陵的文伯仁（1502-1575）创作《金陵古今名胜十八景》册，分别是：三山、草堂、雨花台、牛首山、莫愁湖、摄山、凤凰台、新亭、石头城、长干里、白鹭洲、青溪、燕子矶、太平堤、桃叶渡、白门、方山、新林浦，为典型的文派精丽纤秀的风格，每开有乾隆皇帝对题，成为目前现存最早的金陵胜景图像。稍后，松江画家宋懋晋（？-1620后）延续文伯仁的创作理念也创作了一套《江南名胜十八景册》，其中多为金陵名胜：灵谷寺、清凉台、莫愁湖、长干里、雨花台、天界寺、鸡鸣山、木末亭、天官寺、燕子矶、太平堤、龙潭、牛首巘花等。笔墨秀润，山石用短披麻皴法以细笔勾皴，精微秀丽，以青绿烘染，明快清雅，结构布局张弛有度，取势布景交错而不繁乱，经营位置自然合理，生动地表现出江南山水平淡自然之景色，发思古幽情。文伯仁、宋懋晋笔墨风格迥异，选景视野不尽相同，且宋懋晋稍微越出金陵地域，但一前一后都在明代中后期纪游山水创作观念下的产物。

与文伯仁、宋懋晋不同，福建惠安人黄克晦（1524-1590）游历金陵后，则沿袭史谨的品评方式以单一景点的方式描写金陵胜景而作《金陵八景图》册，分别为：钟阜晴云、石城霁雪、龙江烟雨、凤台

明 文伯仁 金陵古今名胜·摄山　　　　明 宋懋晋 名胜十八景·长干里

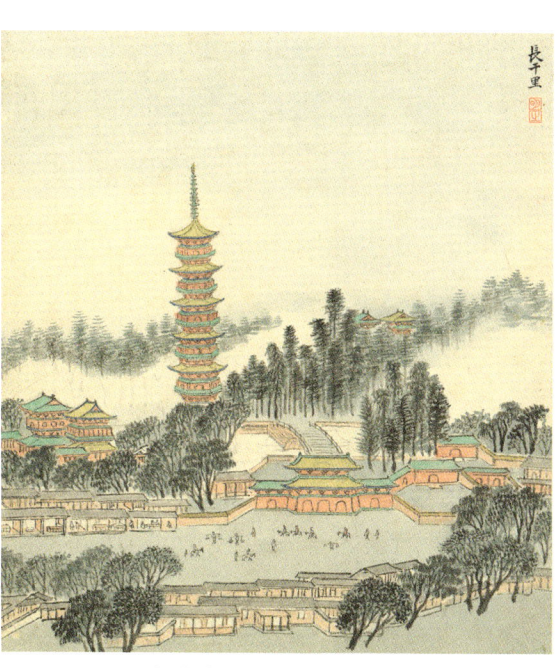

夜月、天印樵歌、秦淮渔唱、乌衣晚照、白鹭春潮。山岩、岸坡等或健笔勾擦，或湿笔皴染。树丛画法不拘一格，或以鹿角、蟹爪法描绘树枝，或者率意绘写树叶、逸笔勾点草丛，笔墨简约有致，意境苍秀幽远，表现山林的情致逸气。

万历二十八年（1600）春月，金陵画家郭存仁作《金陵八景图》册（后由册页改装为横卷），每页对开题写胜景名称和咏景诗一首，右图左咏，诗画结合，分别为：钟阜祥云、石城瑞雪、龙江夜雨、凤台秋月、天印樵歌、秦淮渔笛、乌衣晚照、白鹭晴波，成为现存金陵本地画家所作最早的金陵胜景图。就风格而言，《金陵八景图》是当时流行的文派山水风格。晚明的金陵胜景图像所看重的在传接前辈画风之时，赋予了金陵山水层层叠叠的历史古意。

我们不妨将史谨《金陵八景诗》与黄克晦《金陵八景图》、郭存仁《金陵八景图》比较，考察其中图像诗文的渊源互动关系：

明　黄克晦　金陵六景·秦淮渔唱

明　郭存仁　金陵八景·龙江夜雨

明　郭存仁　金陵八景·白鹭晴波

史谨《金陵八景诗》	黄克晦《金陵八景图》	郭存仁《金陵八景图》
钟阜朝云	钟阜晴云	钟阜祥云
石城霁雪	石城霁雪	石城瑞雪
龙江夜雨	龙江烟雨	龙江夜雨
凤台秋月	凤台夜月	凤台秋月
天印樵歌	天印樵歌	天印樵歌
秦淮渔笛	秦淮渔唱	秦淮渔笛
乌衣晚照	乌衣晚照	乌衣夕照
白鹭春波	白鹭春潮	白鹭晴波

除册页外，明末的金陵画家经常采用长卷的形式描绘金陵胜景，某些作品明显环绕着金陵城而画，尤其是西、北边与长江临接处。崇祯七年（1634），邹典创作完成《金陵胜景图》卷，山峦奇岩、古寺高塔、秦淮垂柳、石砌城墙，将金陵胜景集中于一画之中，以秀逸笔法画出金陵绵延不绝的群山与云雾，将一处处的金陵胜景顺畅地连接起来，贴切地表现出一片苍翠葱郁、明媚清丽的风光，不失为一幅佳作。

李佩诗在其研究中推测画卷从城北的弘济寺开始，按顺时针方向绕城一周，依次画栖霞寺、灵谷寺、孝陵、皇宫、秦淮河、莫愁湖、报恩寺、牛首山宏觉寺、凤凰台、石头城、狮子山、玄武湖，移步换景，可读、可看，在一定程度上可说是一种"卧游图"[9]。就风格而言，《金陵胜景图》卷呈现出典型的吴派后期小青绿山水特征，宁静、秀美、细腻，充分呈现出美好的金陵胜景，博得魏之璜（1568-1647）的推崇。崇祯庚辰年（1640）十二月，魏之璜跋云：

明 邹典 金陵胜景图

> 我明自文沈后，代不乏人，满字突出，自建旗鼓，余尝爱其品高笔贵，师法荆关，得性灵妙处，实吾道中白眉也。圣一读书潭上秋日过之，出示是卷，批阅在在，备六朝遗迹而笔笔具满字性灵，竟日不能释手，携归案头累月，犹未足也，因索之急，偶赘数语与上，得母曰佛头着粪耶！然余犹幸圣一读书之下，恃此各出其奇与潭争胜也！

从这段题跋，我们不难判断在晚明金陵繁荣的消费文化中，这些作品都可视为金陵地域文化的产物。

三、晚明金陵本土文士之于金陵胜景图文形塑

在城市发展史上，风景名胜往往作为一个历史记忆的重要部分得以传承，并最终成为地方自豪感与文化认同的重要基础。在这一过程中，地方文人士绅起了十分关键的作用。通过文人之笔，一个个景点

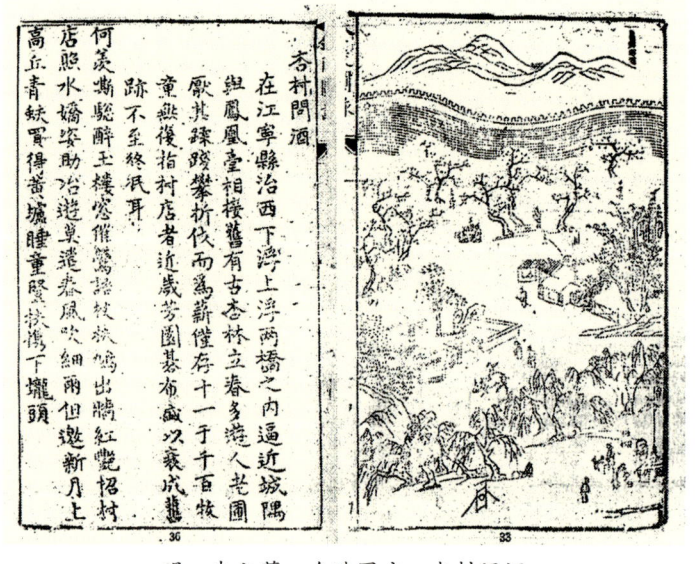

明　朱之蕃　金陵图咏·杏村问酒　　　　　　　　朱之蕃　金陵图咏·燕矶晓望

所承载的历史意象与审美意义在文本中流传。他们在胜景的游冶品评活动中不仅推动了休闲文化的发展，也被普通大众所模仿，成为城市文化的一部分。尤其是明代，在政治地位的联动下，一个以高级官员、致仕官员、公侯子弟及下层士绅构成的文化精英集团使南都金陵逐渐成为江南的文化中心。金陵文人士绅在整体社会风气感召下身体力行，着力于金陵胜景的游冶和品评，积极进行金陵胜景之图文形塑，对金陵地方文化的构建和传播有着举足轻重的作用。

万历末年，闲居在家的前南京国子监祭酒余孟麟（1537-1620）删繁就简，选中生平游览金陵名胜二十处，包括钟山、牛首山、梅花山、燕子矶、灵谷寺、凤凰台、桃叶渡、雨花台、方山、落星冈、献花岩、莫愁湖、清凉寺、虎洞、长干里、东山、冶城、栖霞寺、青溪、达摩洞，各为赋诗题咏，重新定义，合成"二十景"。并约同样隐退赋闲的前南京国子监司业焦竑（1540-1620）、礼部侍郎朱之蕃（1564-1626）、吏部左侍郎顾起元（1565-1628）共同唱和，诗作汇为一集，名之曰《金陵雅游篇》，刊行于世，一时以为盛事⑩。前内阁首辅大臣叶向高（1559-1627）为之作序，云：

今上御极以来，擢巍科，登鼎甲，以文章德业照耀词林者，如余、焦、朱、顾四君子，并时而起，称极盛已。幼峰先生既已焚鱼，漪园、兰嵎、邻初三君亦多从休沐，徜徉里中，佳辰美景，选胜招欢，岩壑毕搜，篇章迭奏，琳琅金石之韵，被于山川，足令三谢让辉，二陆避响⑪。

余孟麟、焦竑、朱之蕃、顾起元"四君子"都是金陵地方名士贤达，分别为万历二年（1574）榜眼、万历十七年（1589）状元、万历廿三年（1595）状元、万历廿六年（1598）探花，都曾在朝廷任职，在金陵文坛享有盛誉。正如叶向高所言："网罗旧迹，尽入品题，使荒台废榭、颓址遗基不至湮没于寒烟衰草、闾井市廛之中，令后来者得有所考镜，是又四君子之责，而余有厚望焉。"⑫他们在秀美的自然环境和悠久的历史文化之感召下，结伴观山临水，寻幽访古，欣赏品评，充分体现了对地方文化的重视和关注，足以反映出晚明金陵文化生态的趣味。可以说，他们的胜景品评活动，在一定程度上便成了地方意识观照下的实践行为。

万历四十五年（1617），顾起元历数年之功撰写完成《客座赘语》，记载有关明代金陵的天文地理、政治经济、文化教育、风土人情的掌故轶闻，其中有《金陵人金陵诸志》记录许多与金陵相关的地方志，多达二十五部。几乎同时，上元人周晖（1546-1627后）先后完成了《金陵琐事》《续金陵琐事》《二续金陵琐事》，内容包罗万象，成为了解金陵的重要文献史料。此外，金陵文人还积极参与地方文化建设，推动金陵古迹的维修，诸如开坛讲学、翻印书籍、撰写碑刻题铭等。凡此种种，皆可见他们对地方意识、地方文化的重视。

综合分析，余、焦、朱、顾四人所选"金陵二十景"，若干已为冷门，几近湮没，如梅花水、虎洞诸胜等，有的则历经岁月不复存在或形貌已经变迁，如凤凰台等，多为"人文遗址遗迹"，无不具有浓郁的历史怀古意象。晚明文人士绅耽于山水，好怀古，所喜"山水"并非自然之山水，而是人文化的山水，正如竟陵派文学家钟惺（1574-1624）所说："一切高深，可以为山水，而山水反不能自为胜，一切山水，可以高深，而山水之胜反不能自为名。山水者，有待而名胜者也，曰事，曰诗，曰文。之三者，山水之眼也。"[13] 他们往往追求神秘，偏好奇巧，乐此不疲。因此，《金陵雅游篇》的每一胜景皆有介绍，说明该胜景的历史变迁及文人典故，旁征博引，娓娓道来，可谓声情并茂。事实上，游览此类胜景，需要许多文史知识的积累，更凸显了晚明文士品位的别致。

无疑，晚明金陵的文化圈被一种浓郁的地域文化意识所主导。余孟麟、焦竑、顾起元、朱之蕃等这些从居朝高官退隐下来的金陵本土文士，极意于金陵地区历史的保存与情感的凝聚，试图通过文本重建关于金陵的历史记忆，"使荒台废榭、颓址遗基不至湮没于寒烟蘷草、闾井市廛之中，令后来者有所考镜"[14]。于是，金陵重要文史所建立的历史记忆，在前代多重怀古气氛的对照下，借着多重记述与图像重新建立起金陵的历史性与地域特色。所谓"金陵名胜二十景"的游冶活动和品评唱和不仅体现出文人化的趣味，而且凸显出强烈的地方意识。也就在这种胜景游冶空间的选择、建设、品评中，金陵的文人士绅们一步一步勾勒出南都的文化地图，不断完成对金陵地方历史文化的形塑。由此，《金陵雅游篇》的刊刻，标志着关于金陵名胜的认同已初步形成。

晚年的朱之蕃以写书作画为娱，常常徜徉于家乡的山水名胜，追怀六朝风流，并用诗文和画笔记录下美丽的金陵风光。参与金陵雅游的他曾感叹，金陵古有"八景、十六景"之称，但不能概括金陵胜景全貌。天启三年（1623），朱之蕃搜讨文献，将金陵二十景扩充为四十景，以景点切入，加入了前代未曾述及的景观，企图以完整的景点免除遗珠之憾，编成《金陵四十景图考诗咏》，集景点图绘之大全。所以，他"景各为图，图各为记，记各为诗"[15]，在对景点的描述强调传统根源，使之化成历史的一部分，极力彰显了金陵的文化魅力。朱之蕃在序言中述及了著书初衷：

> 宇内郡邑有志必标景物以彰形胜，存名迹。金陵自秦汉六朝凤称佳丽，至圣祖开基定鼎，始符千古王气而龙盘虎踞之区，遂朝万邦，制六合，镐洛殷函不足言雄，孟门湘汉未能争巨矣。相沿以八景、十六景著称，题咏者互有去取，观览者每叹遗珠。之蕃生长于斯，既有厚幸而养疴伏处，每阻游踪，乃搜讨记载，共得四十景，属陆生寿柏策蹇浮舫，躬历其境，图写逼真，撮举其概，名为小引，系以俚句，梓而传焉。虽才短调庸，无当于山川之胜而按图索径，足寄卧游之思，因手书以付梓。人题数语以弁首，简贻我同好用俟，赏音云勿[16]。

所谓"当于山川之胜而按图索径，足寄卧游之思"，在朱之蕃看来，一边翻阅《金陵四十景图考诗咏》，逐一欣赏品鉴，一边怀想金陵山水美景，那么湖光山色如同眼前。如果说语言的描述和文字的记录可以勾起人们旅游的欲望，那么图像则更加直接地刺激了人们渴望亲近自然的神经。山水画作提供了人们对旅游景点的视觉印象，起到导览的功能，因而常有"卧游"之效。

在南朝，画家宗炳（375-443）迷恋山水游历，足迹踏遍名山大川，后因病不能远游，主张卧游，转换成一种精神层次的内在修养。这种山水观念，后来一直影响着无数文人。通过在绘画中卧游，突破现实环境与时空条件的限制，运用想象与情境的契合，进窥山水奇景。到了晚明时候，卧游成为文人士大夫普遍自觉的旅行选择，无论是文字还是图像，这种想象上的壮游都是对当时旅行风尚的一种反映。譬如，松江人何良俊（1506-1573）喜爱收藏山水画，在他看来一般的名山游记远不如山水画引人入胜，图画则可将山水的幽深、烟云的吞吐形象地再现于人的眼前，产生身临其境之感。他计划当自己年老体衰不能遍历名山之时，就将历年所搜山水画悬挂厅堂以享受卧游之乐[17]。

在晚明文人看来，绘画、诗文是实践"卧游"的重要凭借。无独有偶，自陈身体状况欠佳、许多景致难以亲身游览的朱之蕃为了卧游金陵山水，也大费周章地编撰、刊刻《金陵四十景图考诗咏》。这是晚明人山水趣味的延伸，也是他们显示自己高雅品位的方式。显然，朱之蕃充分认识到诗文、绘画在胜景品评过程中的重要性，采用了一种传统的方式对选取的视觉图像和诗词作品进行归纳处理，诱发人们心底深刻的感受和体验，以"四十景"模式作为观赏金陵风景的分类框架：

钟阜晴云	石城霁雪	天印樵歌	秦淮渔唱	白鹭春潮
乌衣晚照	凤台秋月	龙江夜雨	宏济江流	平堤湖水
鸡笼云树	牛首烟峦	桃渡临流	杏村问酒	谢墩清兴
狮岭雄观	栖霞胜概	雨花闲眺	凭虚听雨	天坛勒骑
长干春游	燕矶晓望	幕府仙台	达摩灵洞	灵谷深松
清凉环翠	宿岩灵石	东山棋墅	嘉善石壁	祈泽龙池
青溪游舫	虎洞幽寻	星岗饮兴	莫愁旷览	报恩塔灯
天界经鱼	祖堂佛迹	花岩星槎	冶麓幽栖	长桥艳赏

自然之物，无论其本身看起来多么秀美奇特，总是缺少一个名字，一种身份，一个声音。它们必须得到品题，然后才能变得出类拔萃，与众不同。从早先口口相传的"八景"，到好友结伴雅游而来的"二十景"，再到这里的"四十景"，朱之蕃查漏补缺，详细考证各景点历史沿革，在生动的形容和形象的描述之外配有诗咏，还附以更直接诉诸感官的精美图画表现，强化了胜景的视觉效果，可谓图景解题，图文并茂，足以能为"卧游"提供指引。为了使金陵的胜迹为人所知，他希望将此书流传给后世[18]。

《金陵四十景图考诗咏》基本涵括了当时金陵的山川形胜与历史风物之美，发人心生思古幽情。与前人一样，朱之蕃首先将"钟阜晴云""石城霁雪"置于金陵四十景的前二位，以暗合金陵"龙盘虎踞"之称谓。综览金陵四十景，我们不难发现朱之蕃所选的四十景有如下特点：

其一是极大部分景点分布在钟山、沿江、秦淮"一点两线"附近，譬如钟山地区有钟阜晴云、灵谷深松等十多景；在秦淮河地区有秦淮渔唱、桃渡临流、莫愁烟雨等十多景，在长江南岸一带有燕矶夕照、狮岭雄观、龙江夜雨等十多景，重视自然美景的诗意化再现，强调文人游冶的主体性。如"桃渡临流""杏村问酒""雨花闲眺""凭虚听雨""天界经鱼"等，皆属文人雅游的举止，颇类似于南宋西湖十景之"柳浪闻莺""花港观鱼"等。如此，"金陵四十景"赏景赋诗，具有强烈的文化属性。受"心学"主体精神价值的影响，晚明文人士绅悠游于山水之间，问奇吊古，借以发其清恬闲旷之趣，体现出浓郁的文人色彩。

其二是佛教寺庙比较多，如"达摩灵洞""祖堂佛迹""报恩塔灯"等近二十景，这跟六朝以来古寺庙建筑遗迹成为游览胜迹密切相关。游冶的乐趣是登临，而山又多因寺而名。先前，顾起元认为南京可登览之处，在城中有六，城外近郊有十四，"或控引江湖，或映带城郭。二陵佳气，常见郁郁葱葱；六代清华，何减朝朝暮暮。宜晴宜雨，可雪可风，舒旷揽以无垠，恣幽探而罔极"[19]。朱之蕃基本沿袭了顾起元的思路，也有着浓郁的六朝文化意象。胡箫白根据朱之蕃自述分析了"六朝"情结对金陵文人士绅的潜在影响："取法六朝，上承魏晋南朝，已是金陵文人的惯性思维，而在朱之蕃的胜景品赏行为中，这一取向得到了再次确认。"[20] 晚明文人偏爱古迹，乐游寺观的游冶观念在朱之蕃身上得到了充分的印证。事实上，金陵文人士绅们正是通过胜景游冶品评行为已然创造出一个公共文化空间，即使是造访寺院，也并非全为了谈佛论法，而是诗酒聚会，使寺院更为世俗化、公共化，成为金陵的都市人文景观。

关于《金陵四十景图考诗咏》在文化史上的意义，曾有不少学者进行讨论。吕晓认为《金陵四十景图考诗咏》除了导览功能外，还突出了金陵作为完整城市的价值[21]。胡箫白则依据朱之蕃关于诸胜景的品题诗文，摘取配图的部分相关诗文叙述并列表，概括其观览或记忆胜景的关键历史文化属性，提出了《金陵四十景图考诗咏》是对金陵城市想象与记忆格局的确立之观点[22]。程章灿、成林则爬梳了从唐代刘禹锡《金陵五题》到清代"金陵四十八景"的转变过程，强调文学对历史文化地标的形塑功能，认为古代作家的吟咏品题为古都南京建立了一个历史文化地标体系[23]。

总而言之，朱之蕃选取与品赏的"金陵四十景"，代表着晚明金陵文人士绅对南都历史文化图文形塑的基本确定，充分体现出地方文士对金陵自然地理与历史文化的理解方式和记忆范式，成为后世金陵景物图咏的蓝本。这种由胜景游冶行为所勾勒出的金陵文化景象，通过地方名士余孟麟、朱之蕃等人的文本而变得更为权威明晰，并被地方人士所共同接受和记忆。至明清易祚，由朱之蕃《金陵四十景图考诗咏》所呈现的观念，仍对清初金陵文人抒发遗民情怀提供着较好的参考样式。时至今日，这些古迹多已倾圮无存，但其文学意象依然活在南京的历史记忆中。

四、高岑《金陵四十景图》及其金陵胜景的题材化倾向

崇祯甲申年（1644）之变，是金陵文化史上的一个转折点。次年旧历五月，金陵陷于清军之手，金陵的清平安逸世界走到了尽头。金陵人士有的成了贰臣，有的则成为遗民。康熙元年（1662），随着南明政权的最终覆亡、郑成功（1624-1662）的病逝，大规模的反清斗争告一段落。如何稳定江南文士集团，实施全面统治，成为清朝文化政策的首要任务。开科取士、尊孔崇儒、征召有着消极态度的文人参与编纂图书等一系列文化政策的实施，成为清廷笼络汉族士人的重要手段，使汉族文人不再一味强调满汉之间的民族冲突，缓和了敌对情绪。康熙四年（1665），朝廷下令备修《明史》；康熙七年（1668），又

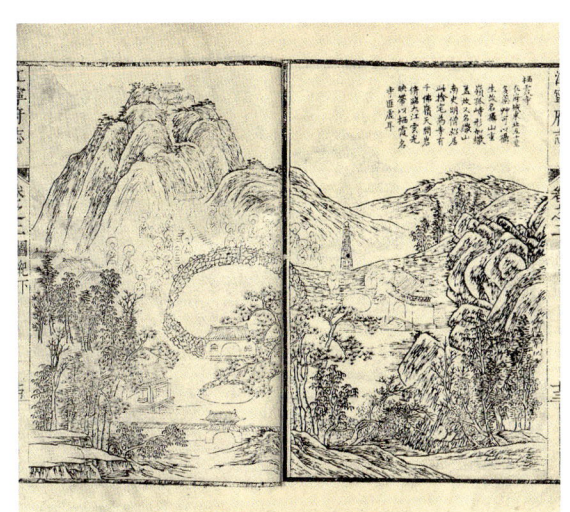

清　高岑　金陵四十景·栖霞寺　　　　　清　高岑　金陵四十景·燕子矶

下旨祭孝陵，以官方立场公开向明太祖朱元璋致敬。康熙二年（1663）始任江宁知府的陈开虞遵照朝廷的治国方略，主持金陵文化重建工作，康熙五年（1666），拓新牛首山弘觉寺、倡修报恩寺藏经殿和镇淮桥；康熙六年（1667），倡修凤台山凤游寺、重修府学和程明道书院。所以，时任江宁粮道的周亮工（1612-1672）叹曰："陈君惠政昭昭耳。"[24]

康熙六年（1667），陈开虞主持纂修《江宁府志》，在满汉民族冲突的背景下可以说是金陵文化建设的重要举措，受到了本地文人的热烈拥护和响应。次年，清代首部官修《江宁府志》刊印，成为宣传曾经辉煌的金陵文化一支助长剂。《江宁府志》共三十四卷，分图纪、沿革表、疆域志、山水志、建置志、赋役志、学校志、科贡表、历官表、官绩传、人物传、古迹志、灾祥志、祠祀志、寺观志、摭佚十六类。其中"图纪"收有春秋至清初金陵城邑、山水图共十七幅，及周亮工跋、高岑（1616-约1689后）绘《金陵四十景图》。

周亮工跋高岑《金陵四十景图》云："太守陈公属蔚生图其胜迹，蔚生抽笔得七十余幅，刊列志首。"在题跋中，周亮工回顾了"金陵山水，旧传八景、十景、四十景，画家皆图绘"的历程。由此可见，高岑是受江宁知府陈开虞之邀，在收集金陵历史文化资料、研究前人金陵胜景的基础上来精心绘制《金陵四十景图》的，成为金陵胜景图像的集大成者。毋庸置疑，高岑对金陵四十景的形成影响最著。高岑所绘金陵四十景具体如下：

钟阜山	石城桥	牛首山	白鹭洲	天印山
狮子山	凤凰台	莫愁湖	赤石矶	谢公墩
落星岗	鸡笼山	栖霞寺	雨花台	凭虚阁
燕子矶	长干里	达摩洞	三宿岩	清凉寺
后　湖	桃叶渡	杏花村	冶　城	幕府山
神乐观	献花岩	青　溪	幽栖寺	东　山
长　桥	龙江关	灵谷寺	祈泽池	虎　洞
弘济寺	嘉善寺	天　界	秦　淮	报恩塔

与朱之蕃《金陵四十景图考诗咏》不同的是：高岑《金陵四十景图》根据陈开虞《江宁府志》的地方志要求，强调地志性，以地命篇，在地名上未作更多修饰。但就形式而言，高岑《金陵四十景》基本延续了朱之蕃《金陵图咏》模式，一景一图，横构图，图记书于画面之上，介绍性文字简洁扼要。这是两者比较一致的。

清　樊沂　金陵五景·燕矶晓望

吕晓在一项综合性研究中详细考察了高岑《金陵四十景图》与朱之蕃《金陵四十景图考诗咏》的对应关系，分析了其在清初社会的特殊的政治变迁意义。在吕晓看来，高岑受委托绘制的《金陵四十景》不是寄托遗民情结的产物，虽延用朱之蕃"金陵四十景"，却以官方立场进行改造，

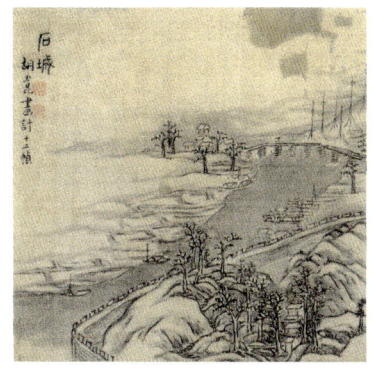

清　胡玉昆　金陵胜景·石城

恰是知府陈开虞借此树立清朝对金陵的统治权和表彰他本人的功绩。所以，高岑《金陵四十景图》具有浓厚的政治意涵，成为清朝统治者利用的工具[25]。不仅如此，笔者则认为，了解17世纪金陵胜景图的流行与传播还可更多地从金陵地方文化构建的角度去理解。从最初动机和实际功能来看，高岑《金陵四十景图》在某种程度上可以说是康熙《江宁府志》所刊金陵"风景名胜古迹"的图说，其意义更主要在于宣传金陵地方文化，应具有"地理志"的性质。因此，高岑《金陵四十景图》是地理方志范畴下的金陵四十景之"图像呈现"。

后来，随着"金陵四十景"的逐步定型，"金陵胜景图"的创作在金陵画家笔下变得越来越普遍，诸如"钟阜晴云""石城霁雪""凤台秋月""龙江夜雨""栖霞胜概""燕矶晓望""清凉环翠"等演变成为一种常见题材，如同北宋以来的"潇湘八景"模式一样。

康熙七年（1668），樊沂创作了《金陵五景图》，原为册页，后改成横卷装裱，画金陵五景：燕矶晓望、钟阜晴云、清凉环翠、秦淮渔唱、乌衣夕照，皆是金陵胜景中最经典的图像，作风写实，对开则有其弟樊新所书前人咏景七律。

康熙二十五年（1686），胡玉昆创作《金陵胜景图》册，凡十二开，分别画：灵谷、燕矶、摄山、杏村、凤台、莫愁、牛首、祖堂、凭虚、秦淮、石城。每页本幅有画家题写的胜景名称，而且对开均有遗民王揖楷书之景点图记，柳堉书前人咏景诗一首，诗画结合，颇有明末朱之蕃《金陵四十景图考诗咏》之意味。第十二开右有王揖题跋，主要叙述胡玉昆、戴本孝（1621-1691）和柳堉绘画特色之异同，左为胡玉昆自识："余先有金陵诸胜诗数十首，缘足迹所至，不过写景畅我襟怀，原不记前朝兴废故典。诗人云：何少吊古意？答云：若此便多无限叹慨。今拈十二幅，毕竟只写我意，当令后之游者按图而至，游后再阅

清　吴宏　燕矶晓望

清　龚贤　摄山栖霞

清　吴宏　莫愁湖

清　樊圻　杏花问酒

清　陈卓　冶麓幽栖

清　戴本孝　龙江夜雨

清　柳堉　天印方山

金陵旧志可不。八十老里胡玉昆栗园。时康熙丙寅闰四月记于冶城之道院。"值得注意的是：胡玉昆署款，明白无误地采用了康熙年号纪年。可见，清初所谓的遗民意识渐已淡薄，"金陵胜景图"一图一咏的模式则业已成熟。

关于金陵四十景的题材概念，我们可以从另一个例子得以充分证明。康熙二十五年、二十六年（1686-1687）间，安徽人叶蕡实邀请吴宏（1615-1680）、龚贤（1618-1689）、樊圻（1616-1694后）、陈卓、戴本孝、柳堉绘制《金陵寻胜图》，吴宏画《燕矶晓望》《莫愁旷览》，龚贤画《摄山栖霞》《清凉环翠》，樊圻画《杏村问酒》《青溪游舫》，陈卓画《天坛勒骑》《冶麓幽栖》，戴本孝画《龙江夜雨》，柳堉画《天印方山》，后合装成卷。除戴本孝《龙江夜雨》外，每图都有王揖、柳堉的题诗，两人在卷尾也有题跋。康熙四十年（1701），叶蕡实请好友程氏在卷后题跋，述及该画的缘起。五年后的丙戌年（1706）夏，叶蕡实又请王概题画，王概在卷尾及吴宏《莫愁旷览》、龚贤《摄山栖霞》、柳堉《天印方山》、戴本孝《龙江夜雨》上题跋了五次。后来，该卷被拆分，龚贤《摄山栖霞》《清凉环翠》现藏故宫博物院，画上王、柳两人题诗也被割开，流落海外。吴宏《燕矶晓望》《莫愁旷览》，陈卓《天坛勒骑》《冶麓幽栖》，现藏故宫博物院，樊圻《杏村问酒》《青溪游舫》与卷后的跋重新装裱在一起，现藏南京博物院，戴本孝《龙江夜雨》、柳堉《天印方山》合裱，藏于上海博物馆。图的形式基本沿袭朱之蕃以来金陵胜景图的图文书写传统，一画一说。

康熙四十年（1701）清和望日，黄山诗老梅民道者题跋述及《金陵寻胜图》的创作缘起：

予尝谓一代之兴，必有一代之士。或长于诗，或长于画。或工于古文词。作者果能精神融注，自然不可磨灭。后世诊之，不啻百明理所，固有数使然也。黄实桑年翁，世本天都，家从阀阅，每共诸名下，放情山水，怡情丘壑。择其尤者，汇成卷册。吴子远度，为燕矶、莫愁，使江湖灵气，荡于笔端；龚子半千，作清凉、摄山，碧云红树，俨在目前。樊子会公，为杏村、清溪，酒旗曲水，不减当年。中正陈子，作天坛、冶城，望远登高，如龙驰骋。戴子之龙江夜雨，柳子之天印方山，各抒性情，备极其美，使金陵诸胜烁于目前之数公者，与予生于同时而交同好。叶子蕡实年翁谓予谓知实，嘱余为跋。予与竹史、鹰阿、半亩、愚谷诸君子时时奉教，收杯倡酬，不一而足。今展玩斯卷，如见其人、其人往关其致犹存。观其笔墨，想其风采，令人有今古之叹。后之览者，亦将有感于斯文。关桑子真贤士哉！不然，何以能留藏若此也。宜汾仲、公函两先生叹赏，歌咏之不置也。

柳堉题跋云：

以金陵人藏金陵图画，即索之金陵佳手笔，亦一时盛事也。古人句云：唯有家山不厌看。虽从太白相看两不厌中化出，然自具妙义，淡而旨耳。惟鹰阿山人一江之隔，遂不肯作金陵景。胸中笔底，亦复大别。主人既檄余画，复徼余诗跋，不觉听然自笑，因并识之。

无疑，金陵画家描绘金陵胜景，金陵人收藏金陵胜景图已成为一种时尚，安徽人叶蕡实也慕名前来请金陵名画家绘制"金陵胜景图"。当然，作为一种题材，17世纪金陵画家笔下的金陵胜景图并无绝对的风格，每个画家尽可展现自家面貌。由此，金陵画家画金陵胜景是一个顺其自然的选择，这与徽州画家画黄山十景、杭州画家画西湖十景并没有本质上的区别，也没有某些研究者所谓的复杂的思想理论驱使，是金陵地方文化在清廷政权下趋于常态化的图像再现。

注释：

①张祜：《石头城寺》《过石头城》，彭定求等撰：《全唐诗》卷510、511，上海：上海古籍出版社，1986年；李群玉：《石头城》，《全唐诗》卷569；罗邺：《春望梁石头城》，《全唐诗》卷654；陈贶：《石城怀古》，《全唐诗》卷741。

②彭定求等撰：《全唐诗》卷243，第614页上。

③参阅程章灿、成林：《从〈金陵五题〉到"金陵四十八景"——兼论古代文学对金陵历史文化地标的形塑作用》，《金陵社会科学》2009年第10期。

④朱存：《金陵览古诗》，《宋史·艺文志七》，脱脱等撰：《宋史》卷280，北京，中华书局，1985年，第5351页。《全唐诗》卷757录一首，陈尚君《全唐诗补编》，北京：中华书局，1992年，第469-470页、第1392页补辑得15首。

⑤参阅姜斐德：《宋迪〈潇湘八景〉画题含意试析》，《朵云》第53集，上海：上海书画出版社，2000年，第216-246页。

⑥李娜：《湖山胜概与晚明文人艺术趣味研究》，杭州：中国美术学院出版社，2013年，第8页。

⑦袁宏道：《袁宏道集笺校》，上海：上海古籍出版社，2008年，第164页。

⑧周晖撰、张增泰校点：《金陵琐事》卷1《十景》，南京：南京出版社，2007年，第30页。

⑨李佩诗：《明亡前后金陵胜景图像之研究——以松峦古寺为例》，《书画艺术学刊》2008年第4期。

⑩顾起元撰，谭棣华、陈稼禾点校：《客座赘语》卷6《雅游篇》，北京：中华书局，1987年，第199页。

⑪余孟麟：《金陵雅游篇》序，天启三年（1623）刊本，南京图书馆藏，第1-2页。

⑫余孟麟：《金陵雅游篇》，第2-3页。

⑬钟惺：《蜀中名胜记原序》，曹学佺：《蜀中名胜记》，上海：商务印书馆，1937年，第1页。

⑭余孟麟：《金陵雅游篇》序，第2页。

⑮周亮工：《金陵览古序》，余宾硕撰：《金陵览古》卷前，上海：上海古籍出版社，1983年，第1页。

⑯朱之蕃：《金陵四十景图考诗咏》，天启三年（1623）刊本，第1-2页。

⑰何良俊：《四友斋丛说》卷28，北京：中华书局，1959年，第255-257页。

⑱参阅杨敦尧：《图写兴亡：实景山水图在清初金陵社会网络中意涵》，《书画艺术学刊》2006年第1期。

⑲顾起元：《客座赘语》卷1《登览》，中华书局，1987年，第21-22页。

⑳胡箫白：《胜景品赏与地方记忆——明代南京的游冶活动及其所见城市文化生态》，《南京大学学报》（哲学·人文科学·社会科学）2014年第6期。

㉑吕晓：《明末清初金陵画坛研究》，南宁：广西美术出版社，2012年，第152页。

㉒胡箫白：《胜景品赏与地方记忆——明代南京的游冶活动及其所见城市文化生态》，《南京大学学报》（哲学·人文科学·社会科学）2014年第6期。

㉓程章灿、成林：《从〈金陵五题〉到"金陵四十八景"：兼论古代文学对南京历史文化地标的形塑作用》，《南京社会科学》2009年第10期。

㉔周亮工：《序》，陈开虞纂修《江宁府志》，清康熙七年（1668）刻本，第2页。

㉕吕晓：《明末清初金陵胜景图研究》，《南京艺术学院学报（美术与设计版）》2010年第4期。

原文发表于《南方文物》2016年第1期，收录时略有修改

家族荣光
Family of Honor

徐达（1332-1385），明朝开国军事统帅。字天德，濠州钟离（今凤阳）人。屡统大军，转战南北，持重有谋。生前封魏国公，世袭罔替，卒后追晋中山王，谥武宁，赐葬钟山之阴。在靖难之役带来的短暂政治动荡之后，由魏国公嫡系担任南京守备并定期奉祀孝陵。徐膺绪一系则世袭锦衣卫指挥使的传统逐渐形成，可谓勋臣之首，金陵第一望族。

Xu Da (1332-1385), courtesy named Tiande, with birthplace in Zhongli, Haozhou today called Fengyang, was an outstanding military commander and strategist. His army had won countless battles, some of which are key to the establishment of the Ming Dynasty. He was appointed the hereditary Duke of Wei during his lifetime and conferred the title of King of Zhongshan after his passing and interred in the region north of Mountain Zhongshan with the posthumous title of Wuning. The family of Duke of Wei served as Nanjing's guard after the Battle of Jingnan's brief political unrest and routinely maintained the Xiaoling Mausoleum. The hereditary Jinyiwei tradition was developed over time by the lineage of Xu Yingxu. It may be argued that they are Nanjing's most illustrious family and the first of the honorable authorities.

元勋之裔

徐达家族墓位于南京太平门外板仓村及南京林业大学南大山附近,包括徐达第四子徐膺绪夫妇、长孙徐钦夫妇、五世孙徐俌夫妇、五世孙徐伯宽夫妇和六世孙徐世礼夫妇等。其家族墓的发掘,出土了一大批珍贵的金玉饰物,材质高贵,工艺精巧,造型别致,样式多变,洋溢着奢华之色,体现了家族崇高的政治地位和明代王公贵族典雅精致的生活风貌。

徐达像轴

明
绢本设色
芯纵 200 厘米 横 100 厘米
天津博物馆藏

此图为天津寿岂堂徐氏旧藏。第二任民国大总统徐世昌（1855 年 10 月 23 日至 1939 年 6 月 5 日）即为寿岂堂徐氏第十世传人。寿岂堂乃徐氏家祠堂号，语出《诗经·小雅·蓼萧》："宜兄宜弟，令德寿岂。"（邢晋）

中山王徐達之像

家族荣光
Family of Honor

中山徐武宁王遗像

清
纸本设色
芯纵 201 厘米　横 91 厘米
太平天国历史博物馆藏

题识："中山徐武宁王遗像。"款识："据徐氏家藏像真本。"钤"南京古物保存所藏"印。

南京古物保存所于 1915 年 6 月成立，位于明故宫午门内五龙桥北侧。是我国最早的由地方政府创办的博物馆，后改为教育部直辖。收藏文物分为古物和图籍两大类。

画中徐达的着装绘有"九章"，反映了明代的章服制度。洪武十六年（1383）定章服之制，皇帝衮冕为"玄衣黄裳，十二章，日、月、星辰、山、龙、华虫六章织于衣，宗彝、藻、火、粉米、黼、黻六章绣于裳"；洪武二十六年（1393）定皇太子、亲王上衣织山、龙、华虫、火、宗彝，下裳绣藻、粉米、黼、黻九章纹；另有亲王世子服七章，郡王服五章，而其他王公大臣则不用章服。"十二章"是帝王专用的服饰纹样，一种纹饰称为一章，每一章含义各有不同。如：华虫绘彩羽雉鸡，取其文丽；宗彝为祭祀礼器，绘虎，取其忠孝；藻绘丛生水草，取其洁净；粉米绘白米，取其滋养；黼绘斧，取其决断；黻绘两弓相背形，取其明辨。在排列顺序方面有着严格的规定，体现了森严的等级制度。

（姚在先）

中山徐武寧王遺像

家族荣光

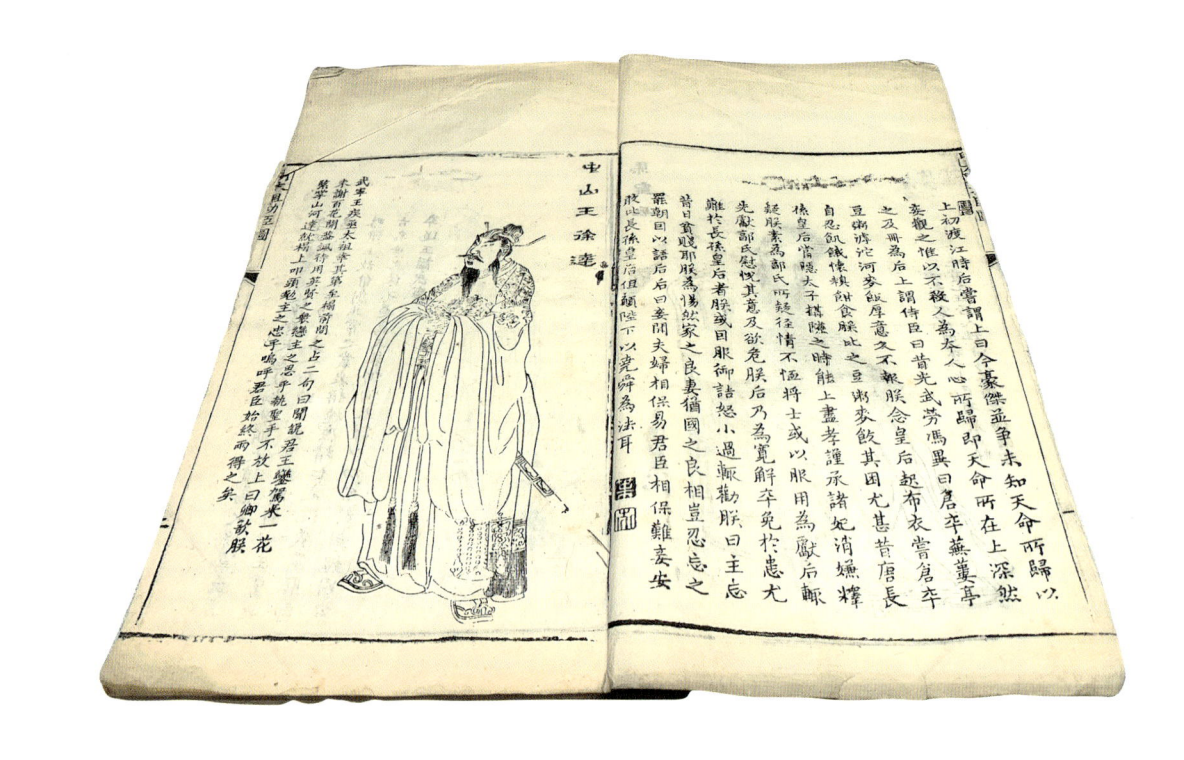

明太祖功臣图不分卷

清
开本长 29.8 厘米　宽 18 厘米
太平天国历史博物馆藏

上官周（1665-1752）所绘。上官周，字文佐，号竹庄，福建长汀人，书斋名"晚笑堂"。能诗工画，尤擅画山水和人物。

《明太祖功臣图》左右双边，单黑鱼尾，版心镌书名及页数，为清刊本。绘有明代开国功臣图像44幅，采用线描的手法，寥寥数笔，形象生动，服饰大致符合朝代，并各立一小传。该画册原为《晚笑堂竹庄画传》的一部分。《晚笑堂竹庄画传》多次翻刻，流传海外，对后来的人物画和版画有着深远的影响，如清末印行的绣像说部《三国演义》一书即照搬其中多幅画像。（姚在先）

明故南京守备掌南京中军都督府事太子太傅
加赠光禄大夫右柱国太傅谥庄靖魏国徐公（俌）墓志

明
志、盖边长 98 厘米　厚 15.5 厘米
南京太平门外板仓村明正德十二年（1517）徐俌墓出土
南京市博物馆藏

石质。盖文 6 行，满行 6 字。篆书。志文 48 行，满行 52 字。正书。志、盖周边均饰卷云纹。志中部泐蚀较重，盖纵向断裂。志文略漫漶不清。徐俌为魏国公徐承宗之子，天顺八年（1464）袭封魏国公，成化十五年（1479），敕奉孝陵岁祀，掌南京左军都督府事。弘治九年（1496），掌中军都督府事，守备南京。弘治十三年（1500），加太子太傅。生于景泰元年（1450）十月二十七日，卒于正德十二年（1517）七月十二日，葬于正德十二年（1517）十二月二十日。（邱晓勇）

荣禄大夫上柱国定国公徐公（景昌）墓志（盖）

明
边长 54 厘米　厚 8 厘米
北京门头沟区鲁家滩定国公家族墓地出土
永定河文化博物馆藏

明代的定国公乃中山王徐达之后。第一代定国公为徐达之子徐增寿，徐增寿袭父荫官至左都督，在靖难之役期间，向朱棣的军队通风报信，被建文帝诛杀。朱棣即位后，追封其为武阳侯，谥"忠愍"，后进封定国公。其子徐景昌继嗣，世袭罔替，徐增寿一系随明朝朝廷迁至北京直到明末。

定国公墓地在北京门头沟区潭柘寺镇鲁家滩村西约 1 公里处，坐西朝东。据门头沟区文物管理所"1957 年文物普查登记表"记载，在墓地的神道上，自东向西排列有华表、碑亭、石羊、石虎、石翁仲等，其后面是墓地。现已毁，仅存残石马及青松。

该墓志铭主人为徐景昌，系鲁家滩定国公家族墓地的第一位墓主人。徐景昌于永乐二年（1404）六月袭定国公爵，统领禁军从南京护驾至北京。正统二年（1437）因病去世。定国公共传九代，根据原神道碑文可知至少有徐景昌、徐显忠、徐永宁、徐光祚、徐延德五代定国公埋葬于此，至于徐文璧、徐希皋、徐允祯这三代定国公是否也埋葬在这里，还有待于今后的研究发现。（袁树森）

玛瑙带板

明
长 1.8 厘米至 7.4 厘米　宽 3.1 厘米至 3.4 厘米　厚 0.5 厘米
南京林业大学南大山 M12 出土
南京市博物馆藏

玛瑙质，灰白色，有自然条纹。共 20 块，其中"三台"中心方 1 块，长方形；"三台"左右小方 2 块，小长方形；圆桃 6 块，桃形；排方 7 块，长方形；带尾 2 块，弧首长方形；辅弼 2 块，小长方形。带板背面皆有对穿的小孔。

据《明史·舆服志》《明会要·舆服》记载，玉带的使用有极严格的规定，文武官员按九品官阶分别使用不同质地革带。一条完整的玉带是由三台、圆桃、排方、带尾、辅弼五部分组成。带板的排列顺序为：前面正中为"三台"，次为圆桃，左右各三；再为辅弼和带尾，两侧对称；后部为排方。（魏杨菁）

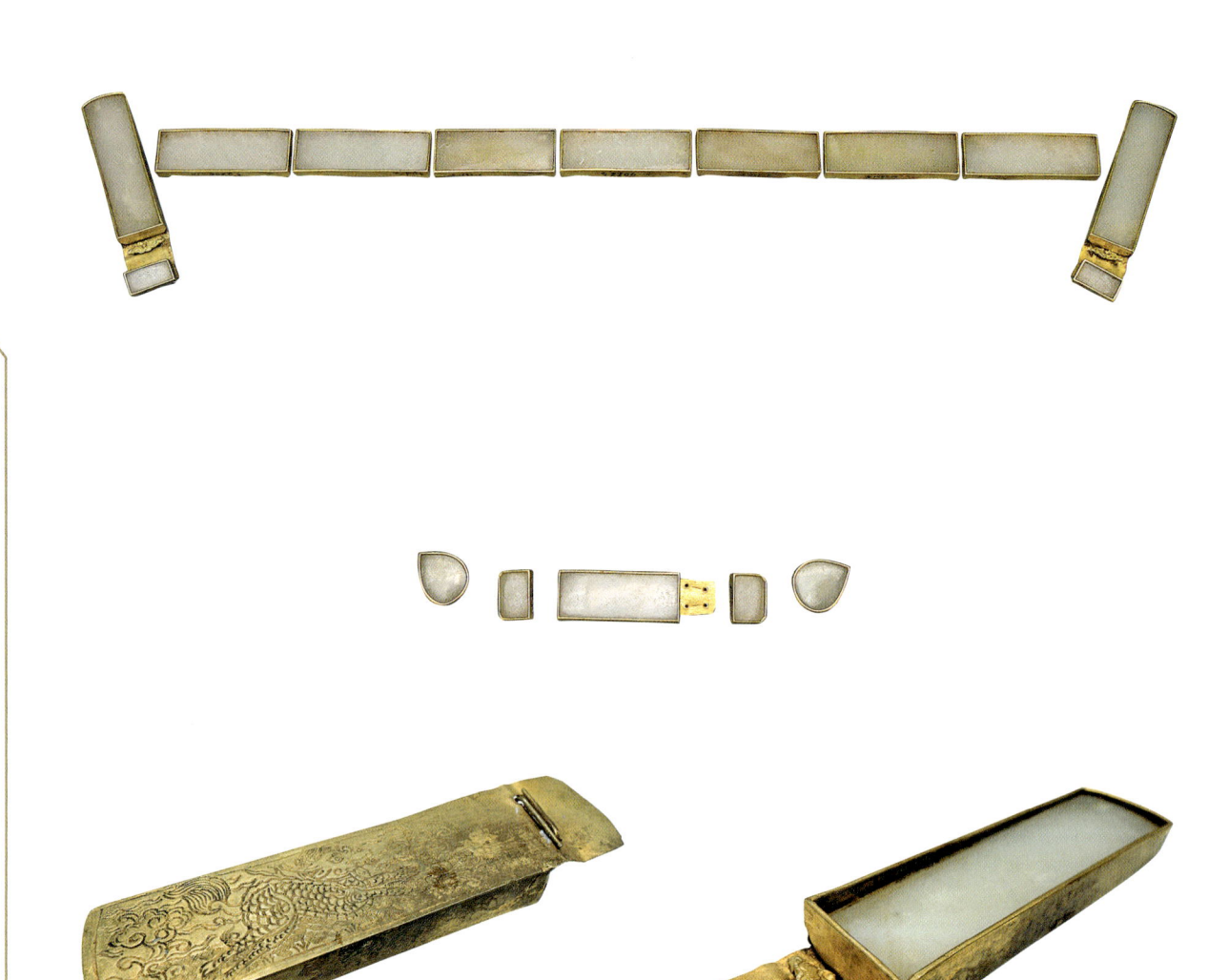

金镶玉带板

明
长 1 厘米至 9 厘米　宽 2 厘米　厚 1 厘米
南京太平门外板仓村明洪熙元年（1425）徐钦墓出土
南京市博物馆藏

玉质，白色，素面，镶以金托。共 16 块，其中"三台"中心方 1 块，带插鞘长方形；"三台"左右小方 2 块，带委角小长方形；排方 7 块，长方形；带尾 2 块，圭形；辅弼 2 块，长条形背有金穿带环；圆桃 2 块，桃形。带板玉质温润纯白，毫无瑕疵，实属难得之佳品。

明代文献记录的带板材质有玉、犀、金、银、乌角五种，以区分品秩，昭明身份。其制作与使用，不仅显示了明代玉器工艺的风格与特点，也反映出明代政治生活和等级制度的规则。（胡妍娟）

白釉瓷梅瓶

明
高 30 厘米　口径 4.8 厘米　底径 9.4 厘米
南京林业大学南大山明正德六年（1511）徐伯宽夫妇墓出土
南京市博物馆藏

瓷质。白胎，胎质细密，施白釉。敞口，方唇，短颈。丰肩，深腹，肩下至腹部渐内收，胫部瘦长。近足处外撇，平底微内凹。出土于崔氏墓室壁龛内。

梅瓶的使用在明初开始形成严格的等级制度，并由酒具转变为礼器。（陈欣）

蓝釉瓷梅瓶

明
高 26.8 厘米　口径 4.4 厘米　底径 10 厘米
南京林业大学南大山明嘉靖二十三年（1544）徐世礼夫妇墓出土
南京市博物馆藏

瓷质。白胎，雾蓝釉。直口，圆唇，短颈。丰肩，深腹，肩下至腹部渐内收，近足处外撇。浅圈足，底露胎。釉上通体满饰描金纹饰，描金全部脱落，仅可见部分暗纹，肩部饰一周卷草纹，腹部饰一周缠枝花卉纹，胫部饰一周仰莲瓣。出土于周氏墓室壁龛内。描金是在瓷器釉面上施金彩的方法之一，以金粉或俗称"金水"的液态金在瓷器釉面上描绘花纹，经彩炉烘烤而成。进入明代以后，为使金彩更加牢固，已使用专门调制的溶剂合成金水。但附着于釉上的金彩在墓葬中被泥土侵蚀数百年后，很难完整保存，只残留下依稀可见的印痕。（陈欣）

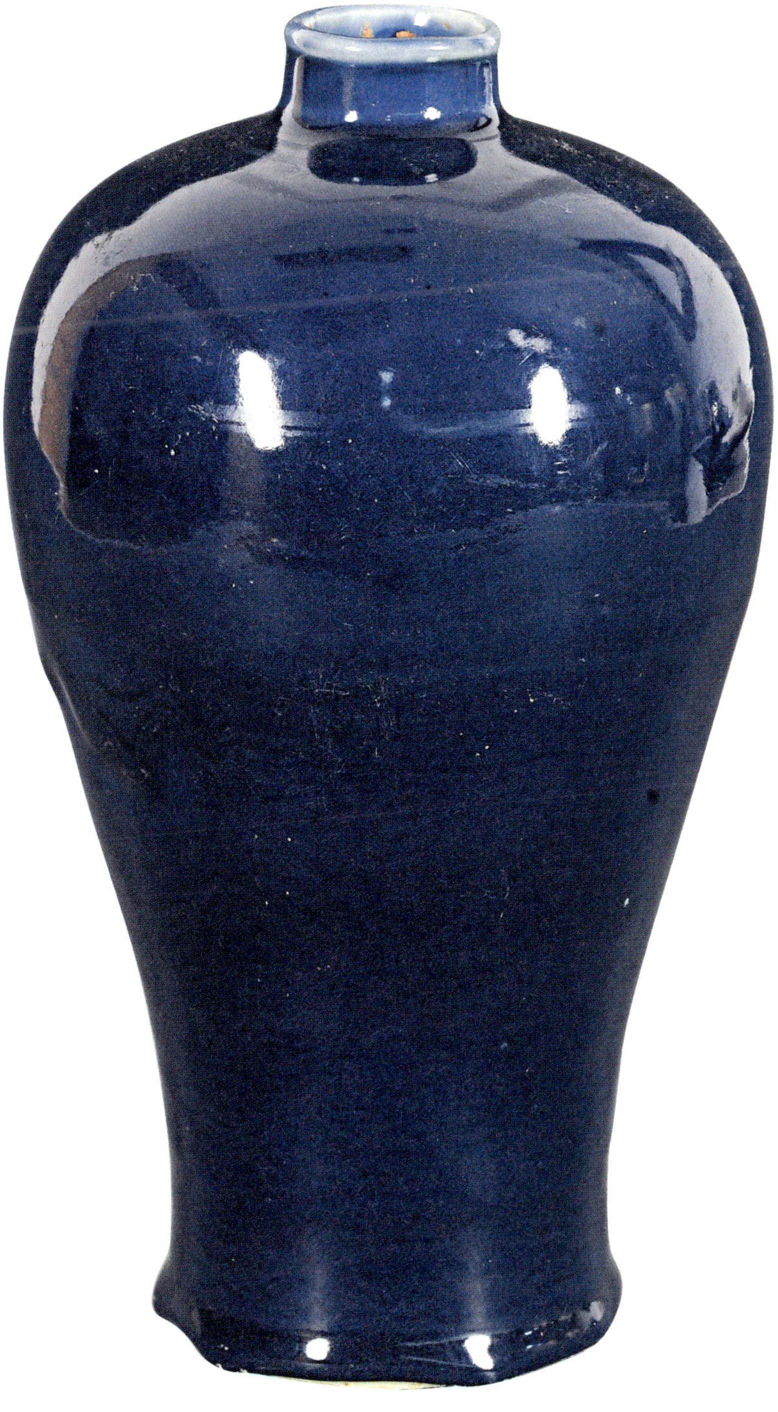

青花缠枝花卉纹梅瓶

明
高 34.8 厘米　口径 5.7 厘米　底径 10.8 厘米
南京林业大学南大山 M46 出土
南京市博物馆藏

瓷质。小口，圆唇，短颈，丰肩，肩下渐收，深弧腹，胫部瘦长，平底内凹成浅圈足。器身以青花图案装饰，白釉略泛青，青花发色蓝中泛灰。肩部饰缠枝莲纹，腹部主题纹饰为缠枝牡丹纹，布局疏朗。各层纹饰以双弦纹相隔，既突出了主题图案，又增加了画面的层次感。花叶主次分明，枝叶婉转纤细。近足处绘一周蕉叶纹。

梅瓶作为一种特殊的随葬品，主要用于开国功臣及其袭封后裔、皇族、拥有特殊权力的文臣武将或太监墓中，是一种等级与身份的象征。（文：魏杨菁　线图：许志强）

家族荣光 Family of Honor

53

玉组佩

明
通长 53 厘米
南京太平门外板仓村明洪熙元年（1425）徐钦墓出土
南京市博物馆藏

玉质。玉佩由珩、琚、瑀、玉花、璜、冲牙组成，其间贯以玉珠。玉佩挂于腰带上，左右各一，行则玎珰，清脆悦耳，迈步舒缓，姿态优雅。

明代组玉佩的使用有着严格的规定，是身份等级的标志。《明会典》载皇帝"大佩"："玉佩二，各用玉珩一、瑀一、琚二、冲牙一、璜二。瑀下有玉花，玉花下又垂二玉滴，琢饰云龙纹，描金。自珩而下，系组五，贯以玉珠，行则冲牙、二滴与璜相触有声。"皇后、皇太子及亲王、王妃的"大佩"与此基本相同。（胡妍娟）

家族荣光
Family of Honor

55

金昭银辉

明代手工艺品中以金银首饰的工艺尤为出彩，在前代基础之上又有新的发展，以多色为美、精微见长、繁复为巧、奢华为上。明代流行在金银器上镶嵌珍珠、宝石，产生了一系列的合璧产品，表现出浓艳华丽、富丽堂皇的特点，反映出明代金银器的装饰题材、造型设计及工艺技法等已经达到相当完美的程度。金银器手工制作所能达到的精细之最，只能见于宫廷与王侯之家。

蝴蝶葵花形金扣

明

长 1.7 厘米

南京太平门外板仓村明永乐十四年（1416）徐膺绪夫妇墓出土

南京市博物馆藏

金质。为套结式子母结构，子扣部分已失，仅存母扣部分。柄部为一只刻画细致、栩栩如生的蝴蝶，翅膀上有穿孔，便于穿线固定。扣圈为圆形，作葵花状。明代纽扣制作极为精巧，尤其用于女服领口者，常以金、银、玉制作，主题涉及花卉、昆虫、飞禽及人物等，造型别致，寓意吉祥。（边昕）

云形金扣

明

长 3.1 厘米

南京太平门外板仓村明徐俌夫人王氏墓出土

南京市博物馆藏

金质。子母式，将子扣圆形扣首伸入母扣圆孔内即可套合牢固。扣襻成如意云头形。云头顶端各有一穿孔，母扣的柄部和扣圈连接处另有一个孔眼，造型圆润流畅，简单又不失精巧。如意云头又称如意头，以弯曲的线条构成云头，顶部有圆形、尖形数种，底部通常为两个圆形，用于服饰颇具吉祥寓意。（胡妍娟）

莲花形金扣

明
径 2.3 厘米
南京市博物馆藏

金质。用锤鍱工艺制成六瓣莲花,花瓣边錾出联珠纹。应为冠上饰物。莲花意在洁净无纤尘,表示贵族的尊贵崇高,也显示妇女的纯洁艳丽。(胡妍娟)

嵌宝石花蝶形金饰件

明
长 7.6 厘米 宽 4.5 厘米
南京太平门外板仓村徐达家族墓出土
南京市博物馆藏

金质。由牡丹花叶及蝴蝶组成一幅蝶恋花的图案。花蝶均用素丝做出外形轮廓,细金丝盘曲成卷草纹平填于内部,9个扁金片制成托,焊接在花蝶之上,托内镶嵌红蓝宝石,似作为花蕊。另有金丝做成花的枝杈,穿插其间。背面枝梗上焊一扁管,应是用作插簪脚。整件器物使用了累丝、焊接等工艺制成,花纹繁而不乱,精美而又不失轻盈。(魏杨菁)

金扣

明
高 0.5 厘米　边长 0.7 厘米
南京林业大学南大山 M11 出土
南京市博物馆藏

金质，同出一对。形制相同，均呈四边攒尖形，内里中空。这种造型的金扣在明代墓葬中较为少见。（魏杨菁）

梅花头金簪

明
长 11.2 厘米
南京太平门外板仓村明成化二十一年（1485）徐俌夫人朱氏墓出土
南京市博物馆藏

金质。簪首作五瓣梅花形，花蕊高凸，簪脚呈圆锥形。此类簪子样式简单，男女通用，单支或者成对使用皆可。（边昕）

梅花头鎏金铜簪

明
长 13 厘米
南京太平门外板仓村明正统十年（1445）徐钦夫人何妙莲墓出土
南京市博物馆藏

铜质，鎏金。簪首作梅花形，花蕊高凸，簪脚呈圆锥形。此类簪子造型简洁，往往用以挽发、固冠。（边昕）

菊花形金簪

明
长 11.5 厘米　簪首边长 1.7 厘米
南京太平门外板仓村徐达家族墓出土
南京市博物馆藏

金质，同出一对。簪针呈方棱形，簪顶先用素丝勾勒委角扁方台的框架，细金丝盘曲成卷草纹平填于各立面表面，其上再用细金丝盘出两重花瓣，似一朵盛开的菊花，簪针与簪首的连接处有数道间隔不等的凸起。（魏杨菁）

云凤纹金簪

明

长 15.3 厘米　簪首长 6 厘米　宽 2.4 厘米

南京太平门外板仓村明永乐十四年（1416）徐膺绪墓出土

南京市博物馆藏

金质。簪铤扁平，上宽下窄。簪首分三层：底层以细金丝盘出繁密的卷草纹图案；中层为流畅的流云纹；最上层为只金凤，凤首乃锤鍱而成，凤之身、翼、尾皆以细薄金片弯曲而成，凤身焊接粟状金粒点缀。簪首顶端用累丝工艺作多层如意云纹，正中焊接三枚金珠。簪首图案焊接于素丝梁框成型，再焊接于簪铤。整件金簪工艺繁复，完美营造出云气缭绕、层层叠叠，金凤翱翔其中、潇洒飘逸的效果。此枚金簪用途近似髻钗。（魏杨菁）

盘丝云纹金簪

明

长 11.5 厘米

南京太平门外板仓村明永乐十四年（1416）徐膺绪夫妇墓出土

南京市博物馆藏

金质。簪体呈扁平状，采用累丝、焊接等工艺制成。簪首分上、下两层，下层用细金丝盘出祥云托日形状，上层用细金丝盘出云纹形状，上下两层均用细金丝盘曲成卷草纹平填于内部。整件金簪工艺考究、构思巧妙，营造出云气缭绕、宁静祥和的飘逸之美。（胡妍娟）

梅花头鎏金银簪

明

长 16.5 厘米　宽 2 厘米

南京太平门外板仓村明成化二十一年（1485）徐俌夫人朱氏墓出土

南京市博物馆藏

银鎏金。簪首为五瓣梅花形，簪针为圆梗形，向尾逐步收细。梅花被称为花中状元，高洁孤傲，不畏严寒，在传统文化中用以比拟清高节操。（胡妍娟）

耳挖形金簪

明

长 9.8 厘米

南京林业大学南大山 M11 出土

南京市博物馆藏

金质。簪针细圆，末端呈锥形，簪首为勺形耳挖状，簪首与簪针连接处有数道弦纹。耳挖形簪兼具了发簪和耳挖两种功能，是明清发簪中常见的一种样式。（魏杨菁）

花瓣头嵌宝石金簪

明
长 9.8 厘米　簪径 2 厘米
残长 4.1 厘米　簪径 2 厘米
南京林业大学南大山 M13 出土
南京市博物馆藏

金质，同出一对，形制相同。簪首为双重花瓣形托，内嵌红色宝石，宝石未经精细加工，随形嵌入，浑然天成，托的背面饰三片花叶纹。簪针分两段，上端为金质细长中空管帽，与簪头固定连接，下端嵌入细长银针，其中一件簪针缺失。（魏杨菁）

葫芦形金耳环

明
通高 4.2 厘米　通宽 5 厘米
南京林业大学南大山 M11 出土
南京市博物馆藏

金质，同出一对。葫芦形，耳环上部与穿耳的钩状弯脚相连。顶覆五瓣花，其下又有四片长花叶自然垂搭于上部的花球上，花叶上錾刻卷草纹。下接两个累丝镂空花球穿缀而成的葫芦，束腰处勒以小金珠圆环。花球的表面作六瓣花朵图案，中心为六连珠组成的花蕊，珠粒精圆。花瓣内有一棱，皆为细密的连珠。葫芦形耳坠为明代耳环最为流行的样式。（魏杨菁）

镶绿松石金耳环

明

长 6 厘米

南京太平门外板仓村明永乐十四年（1416）徐膺绪夫妇墓出土

南京市博物馆藏

金质。耳环用金丝扭成三角形，三角形顶端再用金丝绕成一螺旋形小圆饼，其上饰一菱形绿松石，三角形两腰各穿一六瓣花形绿松石。造型简单别致，金碧相映成趣。从目前南京地区明墓所出土的资料看，这种耳环在明初一段时间极为流行。（胡妍娟）

马镫形金戒指

明

高 2 厘米

南京太平门外板仓村徐达家族墓出土

南京市博物馆藏

金质，同出一对。开口式，作马镫形，横截面呈凹形。戒面略宽，素面，侧面浅刻三角形作简单装饰。其造型简单，端庄大气，是明朝最常见的戒指款式之一。（边昕）

嵌绿松石金戒指

明
直径 2.2 厘米　宽 1.6 厘米
南京太平门外板仓村明永乐十四年（1416）徐膺绪墓出土
南京市博物馆藏

金质。开口式，戒面凸起一圈椭圆形托，托内嵌一颗绿松石，戒托周围饰一圈联珠纹。
（魏杨菁）

云托"日""月"字银饰件

明
高 4.2 厘米　宽 6.5 厘米
南京太平门外板仓村明正德十二年（1517）徐俌墓出土
南京市博物馆藏

银质。同出一对，锤打成祥云托"日""月"的造型。银片的下部为弯曲缭绕的如意形祥云纹，托起上部的圆片，圆片中各书"日""月"二字。出土时放置于墓主头部的木枕下。

同类器物在明代考古中屡有发现，如苏州张士诚母曹氏墓出土的金日月片，出土时分握于曹氏的左右手中；武进明中期王洛家族墓出土的云托"日""月"银饰件等。有专家推测此类器物为陪葬明器，反映了墓主人生前的道教信仰。（魏杨菁）

丽都闲雅
Social Life in Nanjing

明中叶以后，工商业持续发展，社会控制渐松。江南地区在消费方面一改明初的简朴守制，住宅逐渐走向奢华，营建园林之风渐起，甚至缙绅之间以筑园争胜，以显示自己的财力与品位。而作为南都最为显赫的家族，徐氏诸园由此而兴，成为明代南京私家园林的代表。中国古代园林艺术也正是在这一时期得到充分发展，并开始走向全盛期。

After the mid-Ming Dynasty, industry and commerce continued to grow while social control gradually relaxed. The Jiangnan area's dwellings rapidly transformed from the straightforward and conventional design of the early Ming Dynasty to a luxury one as the habit of creating gardens grew. The gentry built gardens in competition with one another to display their taste and financial prowess. The gardens of the Xu family, who were the most famous family in the southern capital, prospered as a result and came to symbolize private gardens in Nanjing during the Ming Dynasty. This was the time when traditional Chinese garden art reached its pinnacle and was fully perfected.

远胜洛中

从园林分布区域来看，徐氏家族园林主要集中在城南大功坊魏国公府周围和城西南凤凰台一带。其规模可观，其建筑或华美、或宏丽、或整饬、或幽古，颇得旷达幽曲之致。其中东园为最大而雄爽者，魏国公西圃多石而伟丽，为诸园之冠。王世贞宦居南京期间，曾在游览之后作《游金陵诸园记》，后人得以从中一窥全盛时期徐氏诸园的景致。

游金陵诸园记行书

1988年
芯纵49厘米 横100厘米
太平天国历史博物馆藏

齐枝三书,王世贞撰。齐枝三,当代书法家。王世贞(1526—1590),字元美,号凤洲、弇州山人,太仓州(今江苏太仓)人。嘉靖二十六年(1547)进士,累官至南京刑部尚书,卒赠太子少保。"后七子"领袖之一,与李攀龙并称"王李",文学成就卓著,同时也是书画收藏家、园林鉴赏家。王世贞一生雅好山水林泉,在全国各地游历甚广,在家乡营建弇山园,对于造园艺术颇有造诣。

王世贞宦居南京期间,在游览南京各园林之后作《游金陵诸园记》,为园林游记的名篇,后人亦得以从中一窥全盛时期徐氏诸园的景致。《游金陵诸园记》中提到16处名园,有11处属于魏国公家族。时至今日,王世贞所游徐氏诸园尚有迹可寻的,仍有东园、西圃、西园和莫愁湖园4座。西圃即今日瞻园,西园即今日愚园,莫愁湖园和东园故址今为现代公园莫愁湖和白鹭洲。(姚在先)

蓋此中門之外西穿二門後得南
嚮一門而入有堂翼然又後為堂堂
後復為門而圍見右折而上透迤曲
折疊礎危巒古木奇卉使人足無餘
力而目恒有餘觀下亦有曲池幽
沼徵以艱水故不能勝石耳錦衣
當中山王賜第時僅為織室馬廐
之屬日久不治轉為瓦礫場太保公
始除去之徵石於洞庭武康玉山徵材
於蜀徵齊木於吳會而後有此觀至
後一堂極宏麗前疊石為山高可
以摩頇頂有亭尤麗曰此則今
嗣公之所創也山居平日必一游將必

明魏国公徐达府第图

1989 年
纸本设色
芯纵 134 厘米　横 34 厘米
太平天国历史博物馆藏

题识:"明史徐达传曰太祖尝从容言徐兄功大未有宁居可赐以旧邸旧邸者太祖为吴王时所居也达固辞。"款识"己巳年春尚君砺绘",钤"尚""君砺"印。尚君砺,当代画家。

为了表彰开国元勋徐达的功绩,朱元璋亲自下令在吴王旧邸之南为徐达兴建府邸,东西两侧各设大功坊一座,以示褒奖,位置在今瞻园附近。(姚在先)

丽都闲雅

白釉暗花瓷罐

明
高 21.4 厘米　口径 10.4 厘米　底径 13 厘米
南京太平门外板仓村明正德十二年（1517）徐俌墓出土
南京市博物馆藏

瓷质。白胎，白釉，釉面开片。直口微内敛，丰肩，肩下至腹部渐内收，浅圈足。釉色微发淡青，罐身隐约可见缠枝牡丹暗花花纹。（陈欣）

白釉瓷盖罐

明
高 22.5 厘米　口径 8.8 厘米　底径 11 厘米
南京太平门外板仓村徐达家族墓出土
南京市博物馆藏

瓷质。白胎，胎质细密，施白釉。由盖和罐身组成。盖子口，折沿，中部隆起，呈覆盆状，宝珠钮。罐直口，圆唇、短颈，丰肩，圆鼓腹，下腹内收，圈足。（戴慧婷）

白釉瓷盖罐

明
高 11.8 厘米　口径 5.2 厘米　底径 5.4 厘米
南京太平门外板仓村明永乐十四年（1416）徐膺绪夫妇墓出土
南京市博物馆藏

瓷质。白胎，胎质细腻，施白釉。由盖和罐身组成。盖作荷叶形，盖子中间拱起，上有一弯曲缠绕莲杆状钮，盖子内部无釉。罐直口，平唇，圆鼓腹，下腹内收，平底。（戴慧婷）

青花云龙纹瓷盖罐

明
高 19 厘米　口径 8.2 厘米　底径 8.7 厘米
南京太平门外板仓村明墓出土
南京市博物馆藏

瓷质。白胎，胎质细密。由盖和罐身组成。盖子口，折沿，中部隆起，呈覆盆形，宝珠钮。罐直口，平肩，上腹稍鼓，下腹斜收，假圈足。通体青花装饰。盖子装饰青花如意云纹，罐以青花双圈弦纹分隔成四个纹饰带。颈部装饰连续回纹，肩部装饰卷草纹，腹部饰首尾相接的两条游龙，下腹部装饰卷草纹。底部青花勾勒双圈，内有"宣德年造"青花四字楷书款。（戴慧婷）

青花人物故事纹盖罐

明
通高 22.5 厘米
罐高 18.5 厘米　口径 8.9 厘米　底径 10 厘米
盖高 5.2 厘米　盖口径 10.2 厘米
南京林业大学南大山 M11 出土
南京市博物馆藏

瓷质，由盖和罐身组成。盖直口，平顶，宝珠形钮；罐圆唇，短颈，丰肩，鼓腹，腹下渐收，平底略内凹。器身以青花图案装饰，白釉处莹润，青花处浓艳。盖面绘宝相花纹，盖沿饰四朵花叶。罐身通体绘有四层纹样：罐口外壁绘花叶纹；肩部为五组如意菊花纹与云纹组成的纹饰带；胫部饰变体仰莲莲瓣；腹部主体纹饰为人物故事，辅以庭院、花木、窗台楼阁、轮月悬空等景致。两组人物以楼阁一角与花石栏杆物分隔，一组为凭几倚坐姿态闲适的仕女，着梅花点饰的长裙，以手撑耳，侧首注视远处一手持蒲扇侍女模样的人；另一组为一裙裾飘扬、束手伫立仕女，结双丫髻的侍女随侍其后。此件器物纹饰清晰，布局疏密得当，风格清新明快，实属明代中期青花瓷器的精品。

（文：魏杨菁　线图：许志强）

丽都闲雅 Social Life in Nanjing

龙泉窑青釉瓷碗

明

高 6.2 厘米　口径 17 厘米　底径 5.5 厘米

南京太平门外板仓村明洪武二十年（1387）王彪墓出土

南京市博物馆藏

瓷质。胎色发灰，施青釉。撇口，圆唇，弧腹，平底，圈足，底足无釉。

王彪，安徽巢县人。早年随父从军，颇有战功。洪武十一年(1378)，官绥大河卫，世袭千户。不久升任茂州卫指挥佥事。洪武十八年(1385)以疾卒，追赠昭勇将军。洪武二十年(1387)九月葬于钟山之阴。（戴慧婷）

龙泉窑青釉高足瓷杯

明

高 8.4 厘米　口径 9 厘米　底径 3.6 厘米

南京太平门外板仓村明洪武二十年（1387）王彪墓出土

南京市博物馆藏

瓷质。灰胎，青釉，釉色青中带黄。侈口，圆唇，杯身为八棱形，斜腹。底部有一高足，上细下粗，底足外撇，呈喇叭状，足部中空，高足起竹节两道。圈足底无釉。（戴慧婷）

"香酒"款瓷瓶

明
高 24.5 厘米　口径 8.8 厘米　底径 8.6 厘米
南京太平门外蒋王庙唐家山明墓出土
南京市博物馆藏

瓷质。灰白胎，灰白釉。直颈，唇口。丰肩，肩部往下渐往内收。平底微内凹，底部露胎。瓶身肩部饰有两道粗弦纹，并由右至左刻画有"香酒"二字，胫部近底亦饰有两道细弦纹。

《明史·礼志》"乡饮酒礼"条载，洪武十六年"诏班'乡饮酒礼图式'于天下"，是明代社会饮酒之风开始盛行的标志。南京市博物馆另藏有一件明代白釉瓷瓶，器身亦刻画有"香酒"二字，可互为印证。（陈欣）

白釉瓷碗

明
高 4.6 厘米　口径 7.5 厘米　底径 3.2 厘米
南京中华门外雨花区工农村明墓出土
南京市博物馆藏

瓷质。白胎，胎质细密。通体白釉，侈口，圆唇，深弧腹，圈足。（戴慧婷）

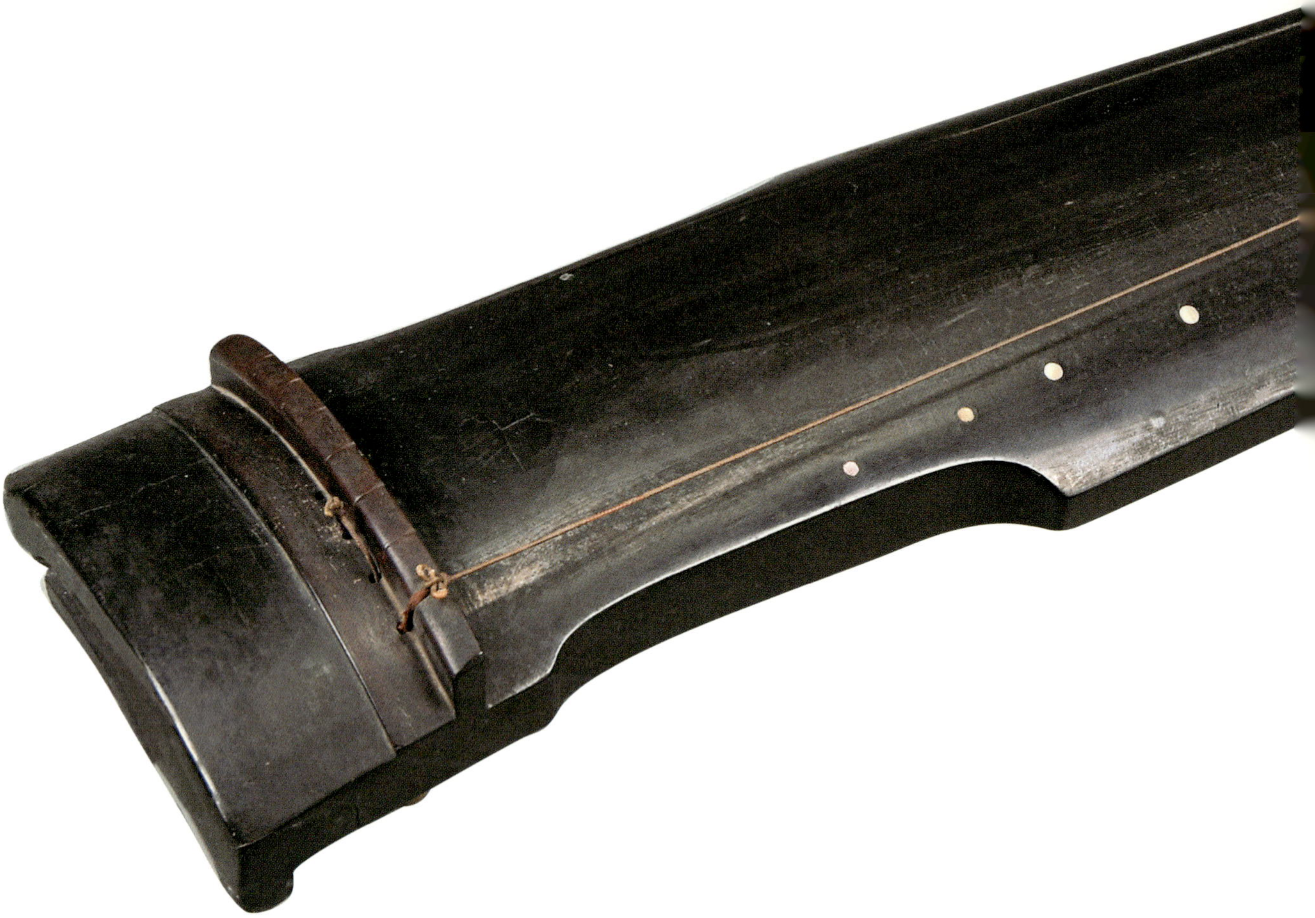

七弦古琴

明

长 119.5 厘米　宽 19.7 厘米　高 10.1 厘米

南京市博物馆藏

木质，仲尼式，通体髹黑漆，为古琴的典型形制。方琴首，圆琴尾，琴颈、肩处呈曲斜下内收，腰部呈方折凹入。琴面呈弧形凸起，底部扁平，象征天地，整体造型简约朴素，大方典雅。面板外侧分布十三徽，用以确定泛音与按音位置，采用传统嵌螺钿工艺。应有七弦，现仅存一根最粗的丝弦，为一弦。琴弦位于岳山一端打蝇头，与绒扣相连并固定于岳山处。底部龙池、凤沼作长方形。琴轸现存两枚，石质，当与轸池紧密结合时，可在旋转中调节琴弦的松紧以调音。古琴音域宽广、音色深沉、余音悠远。明代琴乐发达，上至皇亲贵族，下至宦官之家，多有好琴者，藩王造琴、刻谱、弹琴之风盛景空前。以宁王、衡王、益王、潞王四大名家尤为著名，将古琴及琴曲谱集的发展推向了承旧趋新的鼎盛期。古琴常出现于文人雅士交游往来、宴饮集会中，是儒家思想与宋代理学"文道合一"思想融入音乐美学的综合呈现，是崇尚继承汉唐遗音和汉文化传统的重要实证。（孙雨璠）

景德镇窑白釉瓷执壶

明
高 19.5 厘米　口径 5.9 厘米　底径 6.5 厘米
南京中华门外五贵镇明墓出土
南京市博物馆藏

瓷质。白胎，通体白釉。敞口，圆唇，直颈略外撇。扁圆腹，圈足。细长流，曲柄，柄上方有一小系，流与颈间有"8"字形支撑，壶腹有凸起的鸡心形装饰。
凸起的鸡心形纹饰常以金银器形制出现，明代初期开始，此种纹饰也在瓷器上大量出现。（陈欣）

白釉瓷碗

明
高 5.9 厘米　口径 11 厘米　底径 4 厘米
南京中华门外郎家山明永乐五年（1407）宋晟墓出土
南京市博物馆藏

瓷质。白胎，白釉，侈口，圆唇，弧腹，圈足。
宋晟，字景阳，安徽定远人。永乐三年以征西有功，封西宁侯，镇守凉州。永乐五年卒，葬于南京中华门外郎家山。明代永乐时期白瓷的烧制达到了史上最高水平，南京地区的明初功臣贵族墓出土了为数众多的白釉瓷器，尤以宋晟家族墓随葬最丰，尺寸各异，器型多样，除了成套的碗、盘外，另有执壶、盖罐、玉壶春瓶等。（戴慧婷）

东园雅游

明成祖迁都北京后，南京仍是全国重要的政治文化中心，许多官员宦居于此，形成以公侯贵族、高级官员为中心的文化网络，吸引各地的文人前来谋求发展。园林成为一个重要的社交空间，文人士大夫在这里雅集宴游、赏景品茗、诗酒酬唱，园主则在某种程度上扮演了文化赞助人的角色。

东园图图卷（局部）

明

绢本设色

芯纵 33 厘米　横 564 厘米

故宫博物院藏

明嘉靖九年（1530）文徵明绘制。图之引首有徐霖隶书"东园雅集"四字，画面右上角书"东园图"三字，下钤"文徵明印""徵仲"，画尾有款"嘉靖庚寅秋徵明制"，钤"停云""玉兰堂印"；卷后尾纸上有湛若水楷书《东园记》和陈沂行书《太府园宴游记》。湛若水在《东园记》中盛赞"东园子天下之贤公子也，所与游皆天下之贤士大夫也"。

画面右部小溪潺潺流过，小石桥横跨溪流之上。绿树掩映的石径上，身着灰衫的东园主人正在迎候客人，一着红衣者缓步而来，携琴童子跟随其后。画面中部为敞轩，轩内四人凝神赏画，一手捧卷轴的小童立侍桌旁，轩外侍者已备好茶水。画面左部碧水一泓，隔湖相望，对岸水榭中二人对弈，神态闲逸。湖边小径，一侍者手捧托盘前来送茶。图中青松翠竹遥相呼应，峰峦叠嶂，湖石疏置，亭榭朱栏，碧树成阴，池水微漾。画面布局巧妙，意境深远，显得疏密有致，富有情趣。景物多以空勾填色，墨线细劲连绵，笔意古拙，赋色清丽秀逸，晕染精细。全图以青绿设色法为之，丝毫不见工匠之气，文人之气溢于画中。（袁蓉）

徐霖行书演连珠卷（局部）

明
芯纵 38 厘米　横 831 厘米
故宫博物院藏

引首徐霖题"演连珠"，钤"徐氏子仁""快园叟"印。徐霖（1462–1538），字子仁，号九峰道人，晚号快园叟，又称髯仙，生于华亭（今上海松江），幼年迁居南京。工于书法，兼善绘画，在词曲方面成就甚高。正德十四年（1519）武宗南巡时曾幸其宅快园。《演连珠》原为陆机所作，连珠是一种文体，篇幅短小，多骈偶用韵。此卷为徐霖手书，落款为"正德丁丑年（1517）夏五月八日，吴郡徐霖奉为东园公书"，即徐霖为徐天赐所作。（姚在先）

"鞠宴"诗画图卷

明

画绢墨笔本 诗纸本

芯纵27厘米 横852.8厘米

南京市博物馆藏

图卷引首为文彭八分隶书"鞠宴",纸本。后为王逢元绘菊石图,绢本墨笔,以及蔡羽行书《顾东桥菊宴诗序引》。后依次为蔡羽、徐霖、罗凤、许隆、陈沂、顾璘、顾琛的题诗。其后分别为清康熙程京萼、道光汤贻汾、咸丰朱绪曾、光绪邓嘉缉、顾云、翁长森、蒋师辙以及近代仇埰、王孝煃、吴白匋、唐圭璋的题诗书跋,或和诗,或议论,或题记,可证流传有序。其中,王逢元、蔡羽等大家的书画名重当时,但传世真迹罕见,图卷完好存集了众多明代文人名士的真迹，实属艺苑珍品。

图卷诞生于嘉靖十四年（1535）秋九月，顾璘在金陵青溪息园举办的赏菊宴会上，集诗、书、画于一体。墨菊神韵秀逸，诗咏珠玉相辉，诸名家书法高古清新，各具神采。借由盛赞秋菊傲霜的品格，寄托逸士之操，展现出金陵名士群贤毕至、宴饮赏菊、以文会友、唱和诗文的雅集盛况。明朝中叶，以顾璘为首的金陵文坛盛行宴乐雅集之风，在金陵、吴中艺文圈形成了交错复杂的交游网络。顾璘才望高雅，超群绝伦，推动了江左文化的交流与发展，挚友文徵明为其撰墓志铭。钱谦益称之："处承平全盛之世，享园林钟鼓之乐，江左风流，迄今犹称为领袖也。"（孙雨璠）

顾璘画像图轴

明
纸本工笔设色
芯纵 209 厘米　横 106 厘米
南京市博物馆藏

无款。画首抄嘉靖二十三年（1544）五月十五日封赠予顾璘及夫人沈氏的诰命，曰："明朝刑部尚书顾璘，历仕三朝，阅五十年，逸气宏才，品行兼备，举贤任能，政绩斐然，功绩超群，盛名遐迩，被封赠为资政大夫……"顾璘着绯红文官常服，端方矍铄，气宇非凡。

顾璘（1476-1545），长洲（今江苏苏州）人，籍贯于洪武年间迁至上元（今江苏南京），字华玉，号东桥居士。弘治九年（1496）中进士，历任广平知县、浙江布政使等，累官至南京刑部尚书。顾璘鸿儒硕学，才情灿然，创立青溪社，活跃于江南艺文圈。与李梦阳、何景明等人跻身"弘治十才子"之列，与陈沂、王韦、朱应登并称"金陵四大家"，与刘元瑞、徐祯卿合称"江东三才"，堪称江左文坛的领军人物。《四库全书总目提要》称其诗"远握晋安之波，近骏信阳之乘，在正、嘉间固不失为第二流之首也"。顾璘通透达观，徜徉雅集文会，广结文人名士，与徐达家族友善，曾为徐天赐的《东园雅集诗》作序，为徐伯宽夫人崔氏及徐世礼撰写墓志铭，与徐膺绪六世孙徐京交游往来。（孙雨璠）

奉
天承運
皇帝制曰國家設立秋卿右時古訓
掌建三典刑諧四方秩分列於
留都義并隆于邦禁平憲理灑
賴敷欽恤之仁丽教化民間質
協中之治恩来碩彥用副往諧
諮爾南京刑部尚書顧璘逸氣
宏卞風崇興論鴻名厚實屢懋
宦評起甲第而戴邑龍鷹鶱
揚而銓曹著譽兩司郡妆慈祥
之政備關一屆趨方勁直之操
愈峻争陳蕘策特效句宣建起
憲豪盆明絕駭閒登卿佐伫展
嘉獻屬診
陵露之功肆注股心之詫果單忠藎
副我孝皇晏就司空移於弘定
方爾李皇懹慎德覃勛墨以承休
彌篤忖心率乘常而建下謀比
哀和民之度寬平得體國之純
最績来聞朕心嘉悅匪隆典錫
曷表忠貞是用進爾階資政大
夫錫之誥命鳴呼勤著三朝寵
齎八命渥恩備周於勸一德
萱圖於始終勉策崇勳副予殊
眷欽哉

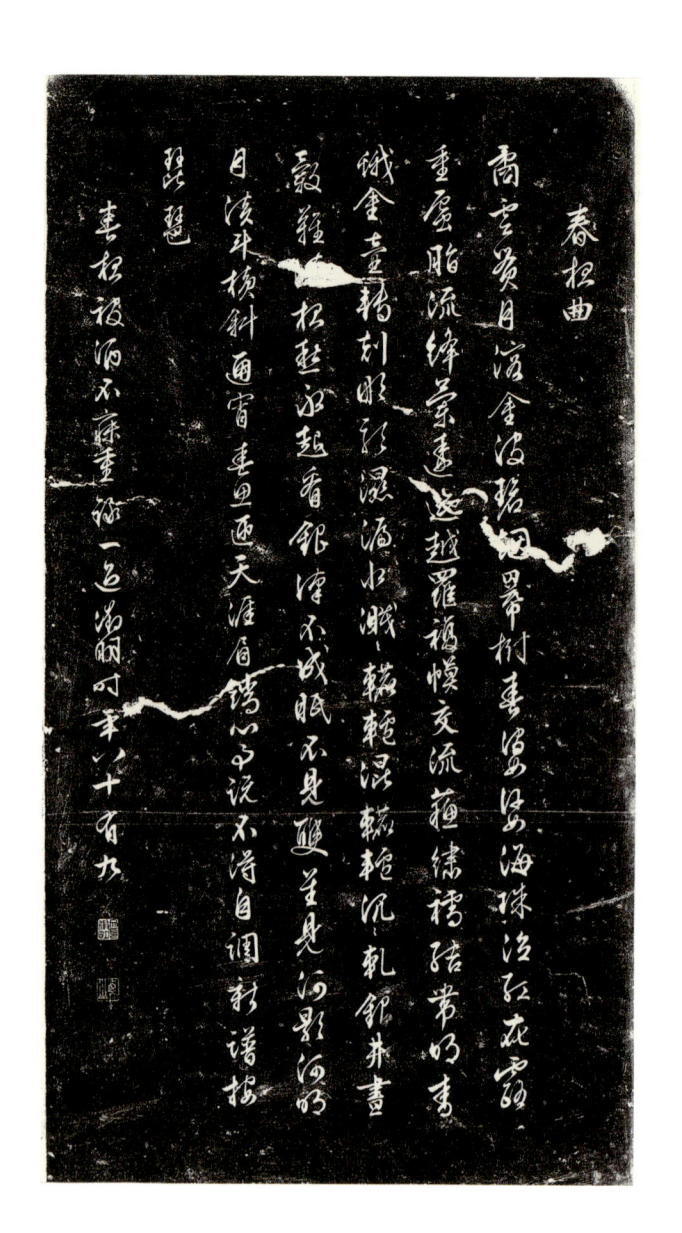

文徵明诗碑拓片

芯纵 100 厘米　横 55 厘米
太平天国历史博物馆藏

此诗名为《春夜曲》，曰：矞云贯月溶金波，碧烟幂树春婆娑。海珠泣红花露重，䶃脂流绛兰逶迤。越罗复幕交流苏，绣襦结带明春娥。金壶转刻彤龙湿，漏水溅溅辘轳涩。辘轳沉沉轧银井，昼縠难淹夜愁水。起看青汉不成眠，不见双星见河影。河明月旦斗横斜，通宵春思匝天涯。眉端心事说不得，自调新谱按琵琶。

款署：春夜被酒不寐，重录一遍，徵明时年八十有九。钤"文徵明印"阳文方印，"衡山"阴文方印。

文徵明（1470–1559），初名壁，后以字行，号衡山居士，长洲（今苏州）人。诗文书画无一不精，继沈周之后成为吴门画派领袖。其诗清新淡雅，有诗文集《甫田集》传世。文徵明自弘治八年（1495）至嘉靖元年（1522）在南京参加十次乡试，与南京的文人士大夫之间关系交好，交游甚多。曾为徐天赐作《徐东园》二首，提到"凤凰台下山如画，总落幽人杖屦前。钟山东下凤台前，春满名园万树烟。"盛赞徐氏园林的风光。

（姚在先）

明诰封明威将军南京锦衣卫指挥佥事桂亭徐公（世礼）墓志

明

志、盖长 73 厘米　宽 74 厘米　厚 13 厘米

南京林业大学南大山明嘉靖二十三年（1544）徐世礼夫妇墓出土

南京市博物馆藏

石质。盖文 6 行，满行 4 字。篆书。志文 27 行，满行 34 字。正书。盖左上角略有残缺。徐世礼为南京锦衣卫指挥佥事徐伯宽之子，生于弘治十五年（1502）四月三十日，卒于嘉靖二十一年（1542）十月十九日，葬于嘉靖二十三年（1544）十一月九日。墓志铭中题有"姑苏顾璘撰"。（邱晓勇）

明故徐（世礼）恭人周氏墓志

明
志、盖长75厘米　宽74厘米　厚11厘米
南京林业大学南大山明嘉靖二十三年（1544）徐世礼夫妇墓出土
南京市博物馆藏

石质。盖文4行，满行5字。篆书。志文25行，满行25字。正书。志右边中部残缺，志文略有残损。周氏为南京吏科给事中周紘之女，锦衣卫指挥佥事徐世礼之妻。生于弘治十七年（1504）九月十二日，卒于嘉靖八年（1529）十月三日，葬于嘉靖八年（1529）十二月二十日。落款有"吴郡徐霖篆"。（邱晓勇）

海棠形铜水盂

明
高 2.7 厘米　口径 6 厘米
南京市博物馆藏

铜质。水盂呈四瓣海棠式，敞口，平唇，鼓腹，圜底，下承四足。通体光素无纹。器型小巧，盈手可握，线条优美圆润，造型简洁古朴。（朱敏）

秋叶形铜水盂

明
高 2.7 厘米　长 7.5 厘米
南京市博物馆藏

铜质。水盂整体细长状如秋叶，器身枝叶环绕，以枝干为水盂把手和底足，构思巧妙，铸造精美。（朱敏）

笔架

明
长 15.5 厘米　宽 3.5 厘米　高 6.5 厘米
宣城市博物馆藏

山形，造型对称，山峰从中间向两侧递减，刻有山形纹饰。笔架原为书写时临时搁笔之用，后成为文人案头一景。（姚在先）

抄手砚

明
长 18.2 厘米　宽 10.4 厘米　高 2.9 厘米
宣城市博物馆藏

抄手砚又称"插手砚"或"太史砚"。底部挖空，可以用手抄底，便于拿取和携带，宋代最为流行。该砚台线条简练流畅，造型朴素端正，兼具实用性与艺术性。（姚在先）

园以名世
Cultural Legacy

随着朝代更迭，徐氏诸园逐渐荒废。入清之后，有些园林得以重现生机，甚至传承至今，融入南京的城市记忆中。在文人墨客的诗赋咏叹与翰墨丹青里，曾经的园林雅韵被永恒地留存下来，与南京的山川胜景、历史文化与政治地位一同构成地方自豪感与文化认同的重要基础。

As the dynasties changed, Xu's gardens were gradually forgotten and abandoned. Some gardens were revived and even continued beyond Qing Dynasty, becoming a part of Nanjing's urban memory. The previous garden elegance has been kept for all time in the poetry and art of literati and poets, and along with Nanjing's picturesque mountains and rivers, historical culture, and political standing, it forms a significant foundation for regional pride and cultural identity.

林泉佳话

晚明时南京的本地文人热衷于金陵胜景的游冶和品评，园林是其中重要的文化地标。他们通过诗赋、舆图、书画和客谈，构建出一幅全新的城市图景和一座独一无二的南京。这一模式在清代被基本继承，并延续至今，成为品读南京的重要渠道。

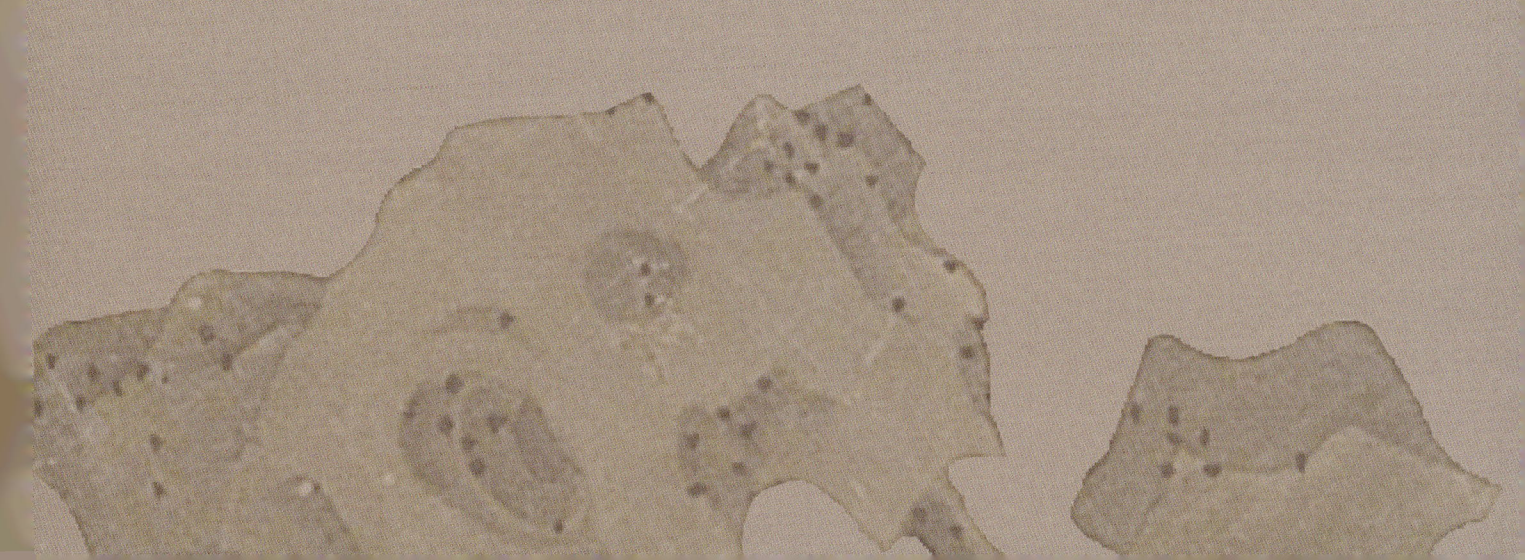

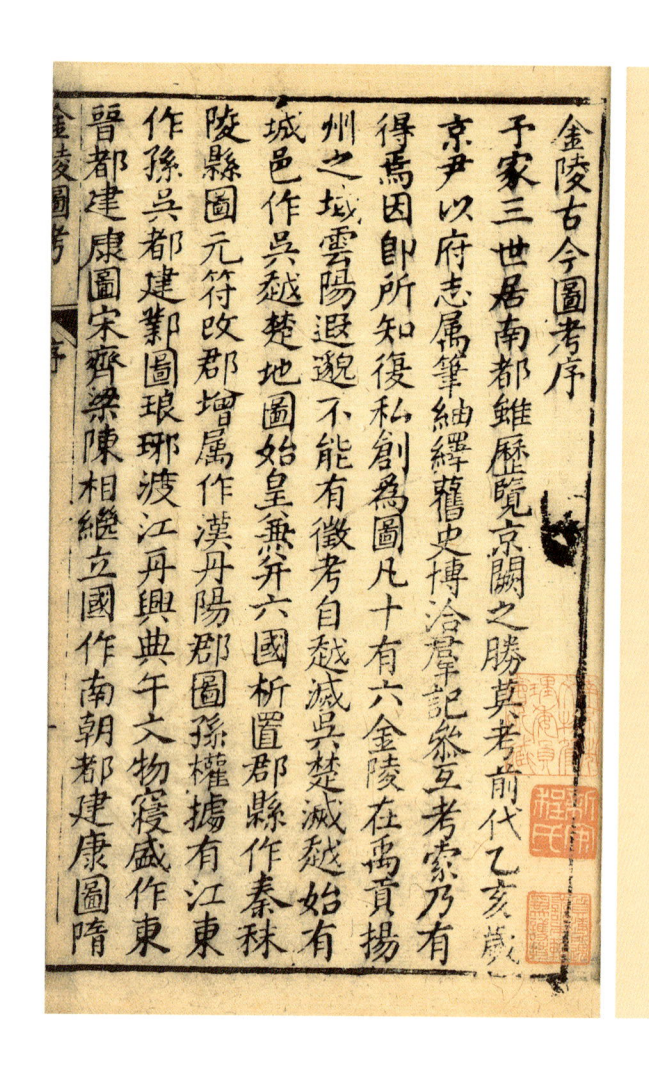

金陵古今图考无分卷

明
开本长 27.3 厘米　宽 17.7 厘米
版框长 22.4 厘米　宽 14.7 厘米
南京市博物馆藏

明陈沂撰，朱之蕃天启刻本，金镶玉四眼装，共 4 册。全书无分卷，半页 10 行，行 21 字，白口，单黑鱼尾，四周单边，无书耳，版心无字数。陈沂（1469—1538），字宗南、鲁南，号石亭。世居金陵，明正德年间登进士第，历任编修、侍讲，累官至布政使参政。因不附权贵，改行太仆卿后辞官。博学多识，著述颇丰，工诗，常与李梦阳、何景明、徐祯卿、顾璘、郑善夫等志同道合的文士名流开展文学活动，文史成就斐然。

朱之蕃在《金陵图咏》后附录了陈沂的《金陵古今图考》全文，并作序，后署"天启甲子岁春正月后学朱之蕃识"。该书始编于正德十年（1515），次年付梓刊刻，专记金陵建置沿革。记述年代自春秋至明正德十一年（1516），共作图 16 幅并附图考。其中，南京城郭历代变迁图 12 幅，域内山水图 3 幅，因金陵城郭规制历代差异大，另作《历代互见图》1 幅以对比分辨。该书绘图精准，考证详尽，图文互见，脉络明晰。作为公认的南京城史变迁的重要文献，自明清时期流传至今，被《国史经籍志》《明史·艺文志》《四库全书存目》及诸多私家藏书目录所著录。著名史学家、国学大师柳诒徵曾言道："游金陵者，多嗜读陈云伯《秣陵集》。《秣陵集》所载图考，皆直录陈鲁南《金陵古今图考》。"（孙雨璠）

金陵琐事四卷

明

开本长 26.2 厘米　宽 16.5 厘米

版框长 19.6 厘米　宽 14 厘米

南京市博物馆藏

明周晖撰，何湛之、韩国藩、陈所闻校，明万历庚戌刊本，四眼线装，共 8 册，存初集四卷。半页 8 行，行 16 字，白口，单黑鱼尾，四周单边，无书耳，版心无字数。

该书脱胎于《尚白斋客谈》，搜采既广，包容甚富，是记述明代金陵地方掌故的笔记杂著，涉及朝章国典、功臣名士佳话、民间轶事、街谈巷议、神话传说、文学艺术等各方面，信而有征，可补正史、方志之缺。其中不乏徐氏家族，如徐达、徐辉祖、徐达继夫人谢氏、徐鹏举、徐邦宁、徐邦瑞、徐弘基等相关珍贵轶事的记载。

周晖（1546—?），字吉甫，号漫士、鸣岩山人，上元（今南京）人。著名诗文家、史学家，博古洽闻，学养深厚，一生不慕名利，隐居于南京城西南花露岗一带的尚白斋。与焦竑、朱之蕃、顾起元等名官文士交游甚好。顾起元曾赞誉周晖为南京继盛时泰之后的"隐士之杰"。该书深受学者重视，前有作者小序及焦竑所作引，是明代综合性史料笔记中的重要著作之一，具有极高的学术价值。（孙雨瑶）

金陵四十八景册之莫愁湖、长桥、凤凰台

近代

纸本设色

芯纵 16.2 厘米　横 26.4 厘米

南京市博物馆藏

册页，四十八开。陈作仪（1858—1934），字凤生，号乌榜邨农、凤叟，是近代南京著名史志学家陈作霖的胞弟。因居金陵城西逸园（今堂子街一带），人称逸园先生。作者以一图一记描摹出金陵城的钟灵毓秀、形胜天成，即：长干里、乌衣巷、长桥、凤凰台、桃叶渡、谢公墩、白鹭洲、莫愁湖、秦淮、化龙池、北湖、珍珠河、清溪、龙江关、钟山、冶山、清凉山、东山、摄山、天印山、牛首山、鸡笼山、狮子山、幕府山、虎洞、献花岩、三宿岩、落星冈、石城、祖堂、赤石矶、燕矶、昭明台、雨花台、凭云阁、达摩洞、甘露亭、木末亭、幽栖寺、天界寺、永济寺、嘉善寺、灵谷寺、报恩寺、孙楚酒楼、商飙别馆、神乐仙都、杏村沽酒，共四十八处景致。

其一，《莫愁湖》题记：在府治三山门外，六朝时即称名胜，有名妓卢莫愁居之。落款：逸叟时年六十又八。钤"凤生"阳文印。相传明太祖朱元璋与中山王徐达常弈棋于此，后朱元璋将莫愁湖园（今莫愁湖公园）赠予徐达，并为其家族后代所沿用。

其二，《长桥》题记：在府治东南二里鹫峰寺侧今东花园一带是其故址。落款：逸叟，钤"仪"阳文印。长桥，旧址在今南京城南文德桥与武定桥之间徐氏家族的东园内（今白鹭洲公园），今已不存。

其三，《凤凰台》题记：在府治西南二里宋元嘉时凤凰集于是山，因筑土为台以庆共瑞。落款：逸园，钤"逸园逸雪"阳文印。凤凰台曾是徐氏家族的西园所在地，今演变为愚园。画作层次分明，收放有度，细腻俊逸，清丽雅致，渗透出作者不凡的书画功底和审美意趣，蕴藏着金陵城史沿革的文化遗风，是近代承袭"金陵四十八景"文脉的经典代表作。（孙雨璠）

莫愁湖
在府治三山門外六朝時
卽稱名勝曾
有名妓盧
莫愁居
此因卽
其名云

長橋
在府治東南
二里鷲峰寺
側今東花園一
帶是其故址
逸叟

鳳皇臺
在府治西南
二里宋元嘉
時鳳皇集于
是山因築土
為臺山巖其
瑞
逸叟

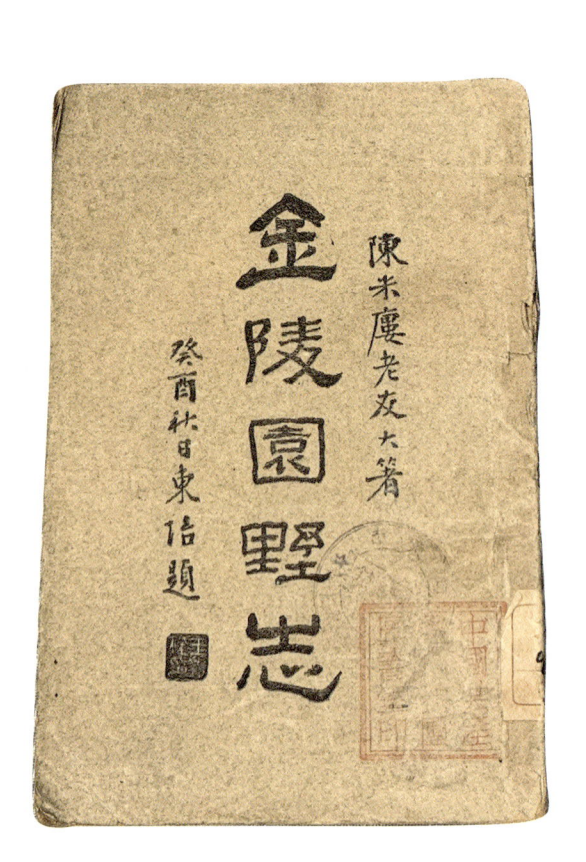

金陵园墅志

近代
开本长 18.5 厘米　宽 12.8 厘米
中共代表团梅园新村纪念馆藏

《金陵园墅志》是第一部记载南京园林别墅的专志，陈作霖之子陈诒绂编撰，1933年由翰文书店出版。全书分上、中、下三卷。卷上记太古至民国历代园墅共 376 处，卷中收录不同时期的游览记载共 55 篇，卷下收录与金陵园墅相关的诗词歌赋，主要为园墅主人的作品，三个部分互为补充。收录园林范围不仅限于南京城区，还包括清代江宁府所属的六合、句容、高淳、溧水等县。视野开阔，脉络完整，并且对所引史料做了基本的考证。

因战乱纷繁等原因，南京保存至今的园林并不多，《金陵园墅志》一书则可以让我们想象南京园林曾经的盛况。（姚在先）

名园蔚秀

在清代社会稳定、经济繁荣之时，南京园林又一次迎来了发展的高峰，呈现出疏朗大气、恬淡从容的文化气质，既蕴江南的婉约秀丽，又富北方的质朴厚重。其中瞻园、莫愁湖园、西园及其后的愚园保留了徐氏诸园造园艺术的精华，迭经重修，魅力不衰，仍为游人吟咏之胜地。

莫愁湖扇面

近代

纸本设色

芯纵 16.7 厘米　横 49.6 厘米

南京市博物馆藏

题款：丙戌人日写，请禹门先生诲正。钤"□璋""□"白文印。程璋（1869—1938），字瑶笙，安徽休宁人，海派绘画大师，叶圣陶、顾颉刚、吴湖帆、郑逸梅等人都曾受其教泽，晚年寓居上海。作者广泛研习古今各画派的技巧精髓，绘画功力深厚，早期师法新安画派，后参物理，研构造，迥异凡手。只见图中碧波荡漾，扁舟悠然。两岸枝杈摇曳，高低错落。楼阁宏伟，亭台秀巧，芙蓉娇丽，水佩风裳。坡岸连绵，山川巍峨，明城墙在一片葱翠中难掩雄壮之气。园林风物与山川胜景气韵相融，莫愁湖园作为徐达家族园林时的典雅灵秀依稀可见，运用水墨勾、染、皴等笔法，绘出莫愁湖的平远空旷之韵，山色湖光之美。"莫愁旷览"位列"金陵四十八景"之首名不虚传。

画作构图层次分明，用笔圆润灵动，敷色隽丽雅致，物象生动传神，看似轻描淡写，实则工致细腻。以中国传统水墨写意画法结合西方水彩写生技巧，明暗互衬，自创新貌，以新派画家的妙笔，纵观莫愁风雅的沧桑变化，感知悠久百年的人文情怀。（孙雨璠）

金陵凤凰台图轴

清
绢本设色
芯纵 202 厘米　横 61 厘米
南京市博物馆藏

题款：置酒延落景，金陵凤凰台。长波写万古，心与云俱开。借问往昔时，凤凰为谁来。凤凰去已久，正当今日回。明君越羲轩，天老坐三台。豪士无所用，弹弦醉金罍。东风吹出花，安可不尽杯。六帝没幽草，深宫冥绿苔。置酒勿复道，歌钟但相催。李白金陵凤凰台置酒，余用浅色以巨然法写出。大涤子大涤下。钤"苦瓜和尚"阳文印。明中后期，凤凰台成为权贵士大夫的聚居地，徐天赐的西园亦坐落于此。

石涛（1642—1708），原姓朱，名若极，广西桂林人，僧名元济（原济），号大涤子、石道人、苦瓜和尚、瞎尊者、清湘老人等，与弘仁、髡残、朱耷合称"明末四僧"。早年山水师法古代诸家，后在实践中探索创新，格法多变，纵肆淋漓。中年石涛迁居金陵一带，以写意绘所见，真山真水，令观者感同身受、心旷神怡。图中秦淮河呈"之"字形顺流入江，破图中分，贯穿前景、中景、远景。湿笔淡墨晕染作底，浓墨勾皴、破笔苔点苍劲细密，淡墨游描清圆疏朗，墨色干湿浓淡相宜。城内山石层叠，秀灵坚实，树木苍葱，疏密有致。城外大江西去，江洲郁葱绵亘，一派令人心驰神往的风雅佳境。作者巧妙运用层叠、虚实技法，布局均衡多变，江河烟波浩渺之下，由近及远的舟、舍、人、桥，生拙古朴，妙趣灵动。画境空灵新奇，画风疏秀明洁，笔墨清腴沉着。石涛作为生活在明清鼎革之际的前朝遗民，以娴熟的绘画技巧与恣肆的气度，表达出眷恋金陵山川，追求尘世超脱的逸士情怀。（孙雨璠）

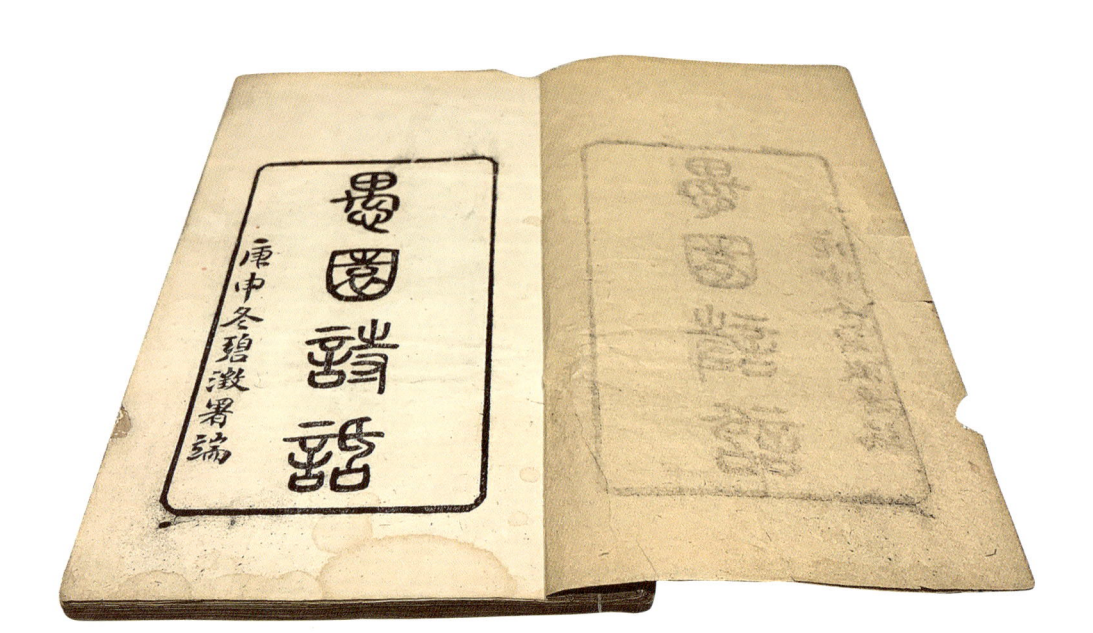

愚园诗话四卷

近代

开本长 12.5 厘米　宽 19.1 厘米

太平天国历史博物馆藏

愚园前身为原徐天赐西园。同光时期，胡恩燮购下并筑园，以奉养母亲。仿苏州狮子林修建，取名愚园。因园主姓胡，民间又称胡家花园。胡恩燮去世后，其子胡光国（胡恩燮姐姐之子，过继给胡恩燮）继承之后加以修葺，在原有基础上形成了愚园七十景。胡光国不仅精心营建愚园，使其成为清末南京最大的私家花园，而且非常注重文献的收集整理。《愚园诗话》即为其中一种，沈鼎题词"乡邦文献渐荒芜，继起何人安定胡"，辑录了与愚园有关的许多诗作，并且具有一定的史料价值。（姚在先）

金陵琐志五种

近代

开本长 23.5 厘米　宽 15 厘米

太平天国历史博物馆藏

陈作霖（1837—1877）撰，包括《运渎桥道小志》《凤麓小志》《东城志略》《金陵物产风土志》《南朝佛寺志》五种。陈作霖，字雨生，号伯雨，晚号可园。一生致力于南京地方文献的搜集、整理、撰述，对南京地方文化作出重大贡献。《金陵琐志》经作者实地考察，访问故老，归而检阅文献资料撰写而成，故史料价值很高。其中《凤麓小志》记录了南京城西南一地的历史人文，凤麓即凤凰台。（姚在先）

瞻园图卷

清

绢本设色

纵 53 厘米　横 256 厘米

天津博物馆藏

款识："袁江图"。钤"文涛"朱文方印、"袁江印"白文方印。

题跋：

近代　何宾笙："按瞻园乃明中山王徐武宁之旧邸。武宁名达，字天德，濠人。少有大志，初为郭子兴部将，后归明太祖。征略四方，军律严明。归朝之日，单车就舍，功高不伐，累官右丞相，封魏国公，赐府第。太祖尝曰'受命而出，成功而旋，中正无疵，昭明乎日月，大将军一人而已'。卒后封中山王，谥武宁。王之故地在金陵大功坊东，今藩院基址即其地也。道光间上元周宝偀著《金陵览胜诗考》，亦云瞻园在藩司署内，系明中山王府第。足以证明无误。览园林之幽畅，按图绘之精微，几度风霜，星移物换，一番浩劫，物是人非，燕子空归，英雄已去，河山兴废，能不令人感涕也哉。爰咏绝句列后。六朝如梦鸟啼花，况复中山魏国家。今日瞻园吊遗迹，只余残石数堆斜。远笼钟阜近吞江，一览楼中景入窗。此是秣陵名胜地，许多王气酒能降。一池春水洁于螺，嫩绿残红漾碧波。亭外斜阳送归鸟，有人低唱莫愁歌。铁笛声中姓几迁，野花狂草自年年。明清两代均销灭，暮雨潇潇泣杜鹃。改国后十年夏六月。青羊居士芷舲何宾笙。"钤"何宾笙印"白文方印、"铁镜轩主"朱文印。迎首钤朱文长方印"一生诗画不沽名"。

鉴藏印记：

近代　何宾笙："青羊镜轩考藏"朱文方印、"某安何氏考藏"朱文长方印。

瞻园入清以后成为布政使司署，由私家宅园成为官署园林，是当时南京城内仅次于两江总督府的第二大官衙建筑。此画绘制手法写实，园林中匾联上的文字清晰可辨，画中人物均着满族服饰，建筑物亦不用重色，明显具有对景写生的特点。这在袁江作品中较为少见，应是其受托到南京所绘。直观生动地再现了清代鼎盛时期的瞻园布局、山水、建筑景观等。

全图布置井井有条，疏密有致，晕染赋色清淡古朴，山石或雨点皴，或鬼脸皴，皆卷曲玲珑。不似袁江成熟期的山水界画风格，却与颜峄有相似之处，应是画家早年作品。

袁江（生卒年不详），字文涛，江苏扬州人，活跃于康熙至乾隆前期。擅画山水、楼台、师法宋人。（邢晋）

山水与游——徐达家族与南京园林

Roaming Between Mountains and Rivers: Noble Family of Xu Da and Classical Gardens in Nanjing

罗尔纲撰新修瞻园记

现代
芯纵 55 厘米　横 150 厘米
太平天国历史博物馆藏

罗尔纲，太平天国历史博物馆创始人，太平天国史研究一代宗师。太平天国建都南京后，瞻园先后为东王杨秀清府、夏官副丞相赖汉英衙署和幼西王萧有和府，后于兵燹之中遭到毁坏。太平天国失败后，瞻园复为清江宁布政使署。目前所存布政使衙署建筑系同光年间重修，承袭了中国传统衙署建筑的规制。1958 年太平天国纪念馆迁入瞻园，著名建筑学家刘敦桢教授主持重修。1988 年罗尔纲撰文以纪其事。从 1958 年至 2009 年，瞻园经过三期整修扩建，部分恢复了明清鼎盛时期的历史风貌。（姚在先）

徐达家族墓出土精品文物赏析

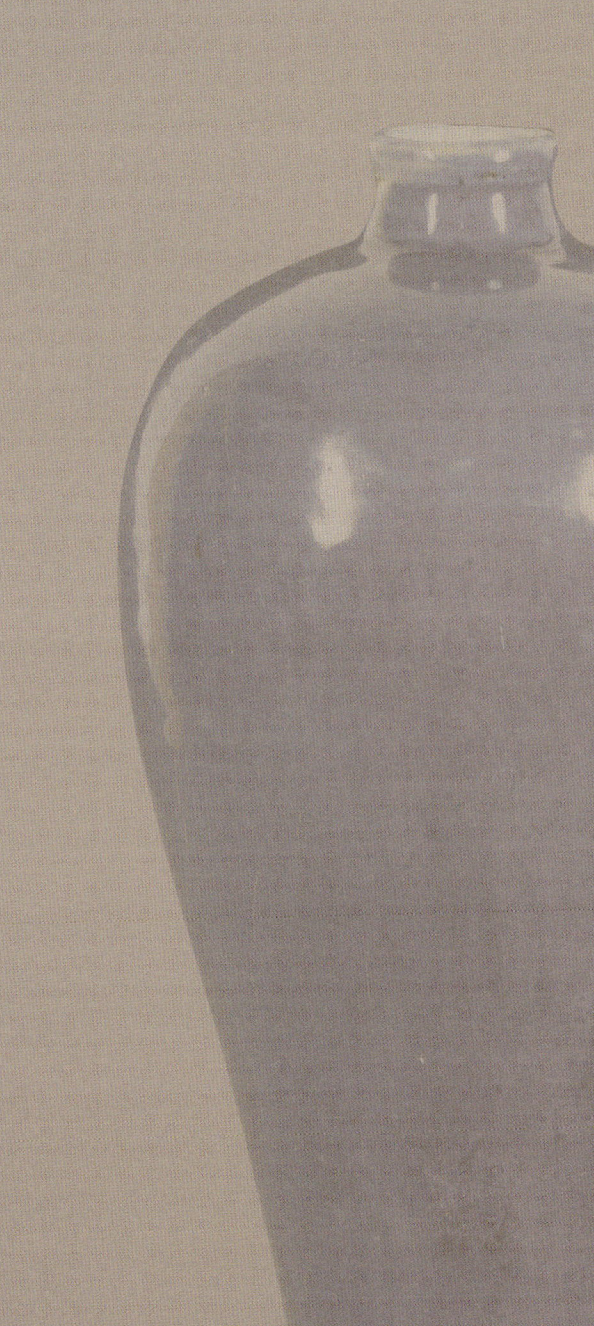

明故魏国公徐钦墓志

明

残边长 73 厘米　厚 10 厘米

南京太平门外板仓村明洪熙元年（1425）徐钦墓出土

南京市博物馆藏

石质。志文可辨 18 行，满行 22 字。正书。周边为单线框。志左边及上角、右边及上角均断佚。残志泐蚀严重，志文漫漶不清。盖佚。徐钦为中山武宁王徐达之孙，魏国公徐辉祖之子。永乐五年（1407）七月袭封魏国公。生于洪武二十四年（1391），卒于永乐二十二年（1424），葬于洪熙元年（1425）五月二十一日。（邱晓勇）

明故骠骑将军中军都督府都督佥事徐公（膺绪）墓志

明
志、盖边长 81 厘米　厚 6 厘米
南京太平门外板仓村明永乐十四年（1416）徐膺绪夫妇墓出土
南京市博物馆藏

石质。盖文 4 行，满行 5 字。篆书。志文 26 行，满行 28 字。正书。志左半部断裂，志文略有残损。徐膺绪为中山武宁王徐达之子。洪武二十三年擢任尚宝司卿。二十五年升明威将军、大同中护卫，世袭指挥佥事。三十一年调金吾前卫。三十五年升骠骑将军、中军都督府都督佥事。卒于永乐十四年（1416）二月三日，享年四十有五，葬于永乐十四年（1416）五月十一日。（邱晓勇）

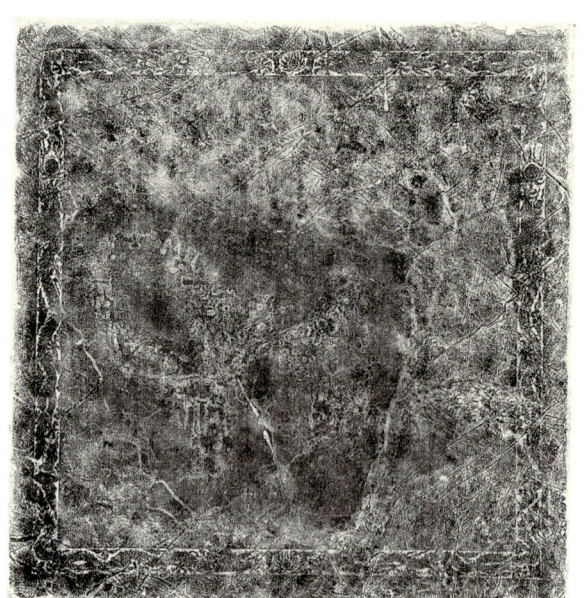

明故南京守备掌南京中军都督府事魏国公少轩徐公（邦瑞）墓志

明
志、盖边长92厘米　厚13厘米
南京市博物馆藏

石质。盖文5行，满行5字。篆书。志文约50行，满行约50字。正书。志、盖上、下两边为双龙戏珠纹，左、右两边为单龙戏珠及云纹。文有界栏。志泐蚀严重，志文漫漶不清。徐邦瑞为魏国公徐鹏举之子。隆庆六年（1572）四月，袭封魏国公。万历二年（1574）任南京中军都督府事府佥书。生于嘉靖七年（1528）四月，卒于万历十六年（1588）。（邱晓勇）

明故南京协同守备掌南京后军都督府事魏国公冲宇徐公（维志）墓志

明

志、盖边长 95 厘米　厚 15 厘米

南京市博物馆藏

石质。盖文 6 行，满行 5 字。篆书。志文 54 行，满行 60 字。正书。志、盖均饰二龙戏珠及云纹。志多处断裂，轻度泐蚀，盖左下角略有残缺。志文略漫漶。徐维志为魏国公徐邦瑞之子。万历十七年（1589），袭封魏国公。生于嘉靖三十二年（1553）正月十七日，卒于万历二十一年（1593）四月十五日，葬于万历二十二年（1594）八月二十日。（邱晓勇）

明故明威将军南京锦衣卫指挥佥事徐君（伯宽）墓志

明
志、盖长 74 厘米　宽 73 厘米　厚 13 厘米
南京林业大学南大山明正德六年（1511）徐伯宽夫妇墓出土
南京市博物馆藏

石质。盖文 5 行，满行 4 字。篆书。志文 35 行，满行 36 字。正书。志轻度泐蚀，左上角略有残缺。志文略有残损。徐伯宽为徐显绶之子，成化二十一年（1485）袭锦衣卫指挥佥事。生于景泰五年（1454）正月二十三日，卒于正德五年（1510），葬于正德六年（1511）十二月二十七日。（邱晓勇）

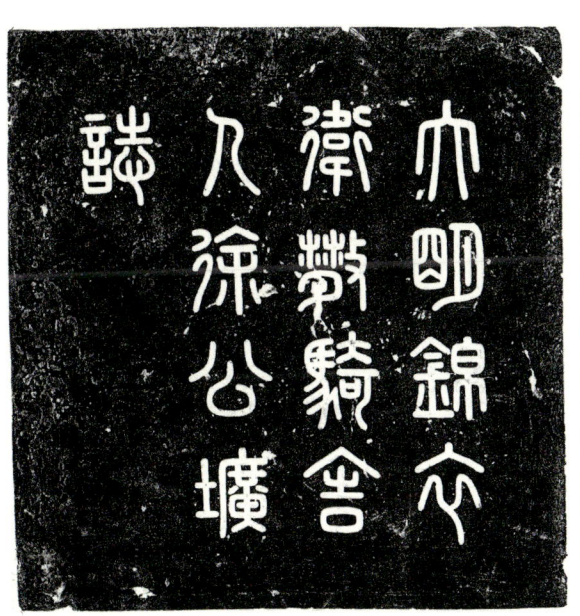

明锦衣卫敬骑舍人徐公（景瑄）墓志

明
志、盖边长 48.5 厘米　厚 7 厘米
南京林业大学南大山明宣德三年（1428）徐景瑄墓出土
南京市博物馆藏

砖质，方形。志盖阴刻篆书，4 行共 13 字。志身阴刻楷书，共 16 行，满行 24 字。徐景瑄为徐达之孙，徐膺绪之子。据墓志，徐景瑄生于永乐二年（1404）十月，卒于宣德三年（1428）七月，同年八月葬入祖茔。娶孙氏，未载有子嗣。（边昕）

明故南京锦衣卫指挥佥事徐君（铎）墓志

明

志盖边长62厘米　厚6.5厘米

志身边长62厘米　厚6厘米

南京林业大学南大山明成化十五年（1479）徐铎墓出土

南京市博物馆藏

石质，方形。出土时以铁条箍紧。志盖阴刻篆书，4行共16字，四周边缘减地刻一周祥云纹。志身阴刻楷书，24行，满行24字。徐铎，字廷振，为徐达五世孙。据墓志，徐铎生于正统九年（1444）九月，卒于成化十五年（1479）十月，葬于同年闰十月。曾祖徐膺绪、祖父徐景珩、父徐显隆。徐铎30岁时袭父职，补南京锦衣卫指挥佥事。妻陈氏。有子一人，名徐世勋。有女四人。（边昕）

犀牛望月纹铜镜

明
直径 22.8 厘米　厚 0.7 厘米
南京太平门外板仓村明永乐十四年（1416）徐膺绪夫妇墓出土
南京市博物馆藏

铜质，圆形，圆钮，宽平素缘。内区采用浮雕技法，饰犀牛望月纹。镜钮上方祥云缭绕，托起一弯新月。下方水波翻滚，波纹层层叠压，镜钮左右两侧各有一仙人浮现于波浪之中。钮下一牛卧于树下，腰身浑圆健壮，牛角弯曲，前蹄微扬，翘首远眺弯月。纹理细致，显得凹凸有致，给人以立体感。生动传神的图案，主题鲜明突出，富于生趣。
（朱敏）

铜炉

明
通高 13.5 厘米　口径 7.4 厘米
南京太平门外板仓村明洪熙元年（1425）徐钦墓出土
南京市博物馆藏

铜质。由盖、釜、炉三部分组成。炉盖呈斗笠状，盖顶中心铆一环钮，盖上有数个圆气孔。铜釜置于炉盖下方、炉口上方，可单独分离。炉身整体呈圆筒形，平底，腹部设一小炉门，似火焰状，门外有承板，炉底铆接三片状"Z"形足。炉外壁装饰有垂直的长条护板和铁链条，护板上镶有乳钉，链条穿系于炉身上的环内。此件铜炉应为明器。

明代火炉的使用已经流行，各种火炉的制作工艺都得到了提高。铜火炉提行或放置于室内均可随时取暖，揭开炉盖置放茶具、炊具，亦可烹茗煮酒。（陈欣）

铜盘

明
直径 8.4 厘米　高 0.8 厘米
南京太平门外板仓村明洪熙元年（1425）徐钦墓出土
南京市博物馆藏

铜质。圆形，折沿，平底。此件铜盘应为明器。（陈欣）

铜火盆、铜火箸

明
直径 7.5 厘米　高 2 厘米
南京太平门外板仓村明洪熙元年（1425）徐钦墓出土
南京市博物馆藏

铜质。敞口，宽折沿，平底，底部连接有三片"Z"形足。另附一双带链火箸，用于夹炭添火或拨火助燃，链仅残存与筷连接的极少部分。此套铜火盆、铜火箸应为明器。（陈欣）

蓝釉瓷梅瓶

明
高 35.8 厘米　口径 4.4 厘米　底径 9.6 厘米
南京林业大学南大山明正德六年（1511）徐伯宽夫妇墓出土
南京市博物馆藏

瓷质。白胎，胎质细密，霁蓝釉。直口，圆唇，束颈。丰肩，深腹，肩下至腹部渐内收，近足处外撇。浅圈足，足部、底部露胎。出土于徐伯宽墓室壁龛内。（陈欣）

青花双凤穿莲纹盖罐

明

通高 24 厘米

盖高 5.5 厘米　盖径 10 厘米

罐高 19.2 厘米　口径 9 厘米　底径 10.4 厘米

南京林业大学南大山 M12 出土

南京市博物馆藏

瓷质，由盖和罐身组成。盖子口，折沿，弧顶，宝珠形钮；罐圆唇，直口，束颈，丰肩，鼓腹，腹以下收敛，近底部略外撇，浅圈足。器身通体青花图案装饰，青花发色蓝中泛灰。盖面饰缠枝莲纹，罐身自上而下以青花双弦线分隔为四个纹样带：颈部绘一圈回文；肩部饰缠枝牡丹纹；腹部绘饰双凤穿莲；胫部饰变体仰莲莲瓣纹。器底施釉，青花勾勒双圈，内书"长命富贵"四字款。（魏杨菁）

青釉瓷盖罐

明

高 6.7 厘米　口径 5.2 厘米　底径 4.9 厘米

南京太平门外板仓村明永乐十四年（1416）徐膺绪夫妇墓出土

南京市博物馆藏

瓷质。灰白胎，内外施青釉。釉色翠绿，光亮莹润，器物由盖和罐身组成。盖子作荷叶形，子口，盖中部隆起，无钮，盖子内部无釉，盖沿的荷叶边曲线起伏平缓。罐直口，平唇，圆鼓腹，圈足，底足无釉。（戴慧婷）

琥珀束发冠、金簪

明

冠高 3.7 厘米　长 6.8 厘米　宽 3 厘米　簪长 10.2 厘米至 10.3 厘米

南京太平门外板仓村明正德十二年（1517）徐俌墓出土

南京市博物馆藏

冠琥珀质，血红色。半月形，后部高于前部，上部饰五道直梁，并做出凸起的边缘，前下部用直线做出宽边，两侧各錾有一小孔，对插金簪一副，金簪顶端作蘑菇形。（陈宇滔）

凤凰形金插簪

明
长 22.3 厘米　宽 6.1 厘米
长 23 厘米　宽 6.3 厘米
南京太平门外板仓村明成化二十一年（1485）徐俌夫人朱氏墓出土
南京市博物馆藏

金质。同出一对，系凤冠上的插饰。簪针扁平，上端弯曲连接簪首，下端弯曲呈钩状。簪首饰凤凰，尖喙，羽冠，丹凤眼，昂首挺胸，两翼外张，振翅欲飞，羽毛层叠，尾羽向上翻飞，立于祥云之上。云作如意形。凤凰以细如毫发的金丝和粟粒大的金珠制成。此金簪完美地展现了凤凰的造型，代表了明代金银细工的高超水平。（陈宇滔）

徐达家族墓出土精品文物赏析

嵌宝石云形金簪

明
通长 16 厘米　簪首长 5.6 厘米　宽 3.7 厘米
南京太平门外板仓村徐达家族墓出土
南京市博物馆藏

金质。同出一对，形状对称。簪针呈扁平状，簪首以舒展自如的云朵构成图案，云朵之上依宝石形状做成八个圆托，托边缘用金丝织成花瓣一周，托内嵌红宝石、绿松石、水晶和碧玺等宝石，色彩纷呈，富丽华贵，部分圆托内嵌物有遗失。

根据这组金簪款式和造型特征，可推定其为明代头饰的重要组成部分——"掩鬓"。掩鬓的插戴位置适如其名，明人顾起元在其所著《客座赘语》中有云"掩鬓或作云形，或作团花形，插于两鬓"。云朵式造型是其最常见的样式，在云朵之上加饰各种吉祥纹样，其构思设计源于佛教艺术中的形象。（李政）

徐达家族墓出土精品文物赏析

嵌宝石金簪

明

长 17 厘米

长 17.2 厘米

南京太平门外板仓村明徐俌夫人王氏墓出土

南京市博物馆藏

金质。簪针扁平，簪首有五个金托，托边有金丝编织的联珠纹一周，托内嵌有红宝石、蓝宝石、绿松石。一托内无嵌物，疑为珍珠，已朽。（陈宇滔）

嵌宝石金簪

明

长 14.1 厘米

南京太平门外板仓村明永乐十四年（1416）徐膺绪夫妇墓出土

南京市博物馆藏

金质。采用累丝、焊接等工艺制成。簪首分上、下两层，上层作三花形圆托，花托内的镶嵌物仅存一颗绿松石，另两托原嵌宝石或珍珠，现已遗失；圆托间有累丝枝叶相连。下层以累丝勾勒出卷草纹样。簪首图案焊接于素丝梁框成型，再焊接于扁平状簪体上。（胡妍娟）

嵌宝石金簪

明
通长 11.5 厘米　簪首直径 3.8 厘米
南京太平门外板仓村明徐俌夫人王氏墓出土
南京市博物馆藏

金质。簪针呈尖锥形。簪首呈花形，由蜀葵式花瓣与菊花形花心组成，金丝绕出六个花瓣的边沿，花心中有圆形金托，内嵌一黄褐色猫睛石。猫睛石又称"猫儿眼"，经光照射可在宝石中央形成一道细长的线柱，极似猫的眼睛。史书记载这种宝石产自南亚诸国，因其罕见而益显贵重。（李政）

嵌绿松石金簪

明
通长 11.5 厘米　簪首直径 3.8 厘米
南京太平门外板仓村明徐俌夫人王氏墓出土
南京市博物馆藏

金质。簪针呈尖锥形。簪首呈花形，由蜀葵式花瓣与菊花形花心组成，金丝绕出六个花瓣的边沿，花心中有圆形金托，内嵌一绿松石。以金为簪本即贵重，更嵌以绿松石为饰，彰显出主人身份地位的尊贵。（李政）

佛像形金簪

明

长 5.8 厘米　簪首高 2.2 厘米　宽 1.4 厘米

南京太平门外板仓村明永乐十四年（1416）徐膺绪夫妇墓出土

南京市博物馆藏

金质。簪首为一尊佛像。佛像螺髻，着左袒袈裟，施禅定印，神态恬静祥和，结跏趺坐于莲花座上。簪针呈扁平状，垂直固定在佛像背部。从发簪的造型看，应为挑心一类。明代女子头饰丰富，各式簪钗的命名也因其插戴位置不同而各不相同，所谓"挑心"即因其是自下而上用挑的方式簪戴于鬏髻的正面之当心。明代初期的挑心装饰以佛像为多，背后多焊接与簪首垂直的一柄簪脚，簪脚多为竖直式。挑心位于一副头面的中心位置，是头饰中的重要构件，故而设计精巧、制作精美。（李政）

花头金簪

明

长 11.5 厘米　簪首直径 1.5 厘米

南京太平门外板仓村明徐俌夫人王氏墓出土

南京市博物馆藏

金质，同出一对。簪首作蘑菇头形，其上錾刻数条曲线，呈六瓣螺旋花状。簪脚呈圆锥形，由粗渐细。（边昕）

菊花凤凰纹金簪

明
通长 16.9 厘米　簪首长 7.5 厘米　宽 1.8 厘米
南京太平门外板仓村明成化二十一年（1485）徐俌夫人朱氏墓出土
南京市博物馆藏

金质。簪针细长、呈扁平状，簪首用累丝工艺做出朵朵菊花纹饰，交错式排列，凤凰栖息于菊花丛中，形态逼真、惟妙惟肖。发簪作为古代女性发饰上的重要物件，是身份地位的象征，其纹饰也以花鸟居多，富含美好寓意。（李政）

凤栖牡丹纹金簪

通长 18.4 厘米　簪首长 8 厘米　宽 1.5 厘米
南京太平门外板仓村明成化二十一年（1485）徐俌夫人朱氏墓出土
南京市博物馆藏

金质。簪针细长、呈扁平状，簪首用累丝工艺编织成朵朵牡丹纹饰，并有一凤凰栖息于牡丹丛中。器物装饰层面综合运用盘丝、累丝、刻丝、焊接等多种工艺，精巧细致、栩栩如生。在古代，将牡丹与凤凰刻画一起的"凤栖牡丹"图案在器物纹饰、绘画等方面多有出现，有象征荣华富贵的寓意。（李政）

蘑菇头金簪

明
长 8.8 厘米
南京太平门外板仓村明徐俌夫人王氏墓出土
南京市博物馆藏

金质。簪首为蘑菇形，簪针为圆梗形，向尾部逐步收细。此类簪子用途大致有三，其一挽发，其一固冠，其一装饰。（胡妍娟）

蘑菇头金簪

明
长 9.5 厘米
南京太平门外板仓村明徐俌夫人王氏墓出土
南京市博物馆藏

金质。簪首为蘑菇形，簪首与簪脚连接部位为一小段细颈，簪体呈圆锥形，造型小巧简洁。（胡妍娟）

嵌宝石金帽饰

明
高 7.7 厘米　宽 6.8 厘米
南京太平门外板仓村明徐俌夫人王氏墓出土
南京市博物馆藏

金质。三角形。以三出长叶作为饰件主要构架，周围衬以缠枝叶。在镂孔的缠枝叶上，嵌有红宝石二粒、蓝宝石二粒、绿松石和茶晶各一粒，均有金托。红蓝宝石间有四个空缺的金托，为镶嵌珍珠之用，珍珠已朽。主要采用锤鍱、錾刻、累丝、焊接等工艺制成。（陈宇滔）

嵌宝石金耳环

明
通长 4.3 厘米　坠首长 3.2 厘米　宽 1.2 厘米
南京太平门外板仓村明成化二十一年（1485）徐俌夫人朱氏墓出土
南京市博物馆藏

金质。同出一对，形制相同。上部以一段金丝作簪戴用的细长弯钩状长脚，数圈细金丝缠于长脚，一圆形金托焊接于细金丝上，金托内嵌红宝石。金托下以薄金片锤鍱双层金叶，叶下水滴形背托上焊接一金托，内嵌一颗椭圆形蓝宝石，整体形如茄子，天生俏色，和谐灵动。无锡元代钱裕夫妇墓出土的一对银嵌琥珀耳环，亦与此形似。此类形制的耳饰应与文献中的"金厢珠宝茄耳坠""天生茄儿""天茄梭环"类似。
明代金银器制作工艺在前代基础之上又有了新的发展，此时流行在金银器上镶嵌水晶、玛瑙、珍珠及各类宝石。而此类耳饰上的宝石等物并未经过精细加工，随形而嵌，与精致、繁复的金银制作工艺结合，华丽中不乏清新自然。（李政）

药神形金耳坠

明

长 10.3 厘米　药神高 5 厘米　宽 1.8 厘米

南京太平门外板仓村徐达家族墓出土

南京市博物馆藏

金质。同出一对，形制相同。耳坠的弯脚挑起一朵六瓣莲花，花瓣里焊接金托，托上原当嵌宝。莲花下一荷锄背篓女子，立于莲花座上，头挽高髻，颈戴项圈，身着双层莲瓣形衣裙，双手持飘带，飘带环绕其后。身后的背篓中露出一枝刚采摘来的灵芝。耳坠的造型为药神形象，亦有专家认为是毛女，毛女为古代神话传说中以松叶为食的采药仙女。耳坠整体采用花丝、镶嵌、锤鍱、焊接等工艺制成。（李政）

亭阁形金耳环

明

长 4.7 厘米　亭阁高 3 厘米　宽 1.5 厘米

南京太平门外板仓村徐达家族墓出土

南京市博物馆藏

金质。同出一对。耳环为亭阁形，由金丝编结成的十三瓣花在顶端提系。亭阁为重檐式顶，屋角上翘，下层一面为屏风，其余三面则为可启闭的双扇门，四周有回廊，并立有望柱和花板。亭阁比例得当，屋脊上的瓦楞整齐清晰，扇门花纹精细，工艺精湛。

（李政）

葫芦形金耳环

明
通长6厘米 葫芦长3.2厘米 宽1.3厘米
南京太平门外板仓村明徐俌夫人王氏墓出土
南京市博物馆藏

金质。同出一对，形制相同。耳环做成瓜棱葫芦形，空心，顶覆金瓜叶，其上有圆珠组成的五瓣花，通过盘曲的金丝与细长弯钩状长脚连接，葫芦底作钱纹。整件器物采用锤鍱、錾花、焊接等多种工艺，小巧精致。因葫芦谐音福禄，在中国汉字文化中福禄的寓意是非常美好的，象征着"福禄吉祥""健康长寿"，故葫芦形的器物颇受欢迎。
（李政）

花卉纹金钏

明
高 4.4 厘米至 5.8 厘米 直径 7.1 厘米至 7.8 厘米
南京太平门外板仓村明徐俌夫人王氏墓出土
南京市博物馆藏

金质，一对。此钏用扁金盘成七圈，每圈用四道金丝连接，上下两头左右可以活动，以调节松紧。两端均以金丝缠绕，其中一端錾梅花、芍药、荷花、牡丹、菊花等四季花卉纹，并以缠枝叶相勾连。金钏为中国古代贵族妇女的一种腕饰，在唐代已流行使用。
（陈宇滔）

蝴蝶葵花形金扣

明
长 2.3 厘米　宽 1 厘米
南京太平门外板仓村明正统十年（1445）徐钦夫人何妙莲墓出土
南京市博物馆藏

金质。子母式，母扣扣首呈圈形，子扣扣首为一朵盛开的葵花，扣襻为蝴蝶形，两两相扣后，呈双蝶对花状。蝶翅两边各有两个穿孔，以便穿缀。在古代，蝴蝶有吉祥美好的寓意，以花引蝶，花蝶交汇，更象征着对吉祥美好的向往。（李政）

蝴蝶形金扣

明
长 3 厘米　宽 1.3 厘米
南京太平门外板仓村明成化二十一年（1485）徐俌夫人朱氏墓出土
南京市博物馆藏

金质。同出一对，形制相同。子母式，将子扣圆形扣首伸入母扣扣圈内即可套合牢固。两侧扣襻呈蝴蝶形，蝴蝶触须抵住扣圈。蝶翅两边均有穿孔，以便穿缀。金扣多见于明代贵族女服领口处，表现出贵族女性端庄典雅的精神风貌。（李政）

童子形金扣

明

长 3.3 厘米　宽 1.6 厘米

南京太平门外板仓村明徐俌夫人王氏墓出土

南京市博物馆藏

金质。子母式，子扣与母扣的扣首分别为葵花的花心与花瓣，两两相扣后，合成一朵完整的葵花。两侧扣襻为一对双手捧花的童子。童子着短衣长裤，足蹬短靴，仰面微笑，神情可爱。扣两侧共有四个穿孔，可穿线缝缀。（李政）

葵花童子形银扣

明

长 2.8 厘米　宽 1.9 厘米

南京太平门外板仓村明成化二十一年（1485）徐俌夫人朱氏墓出土

南京市博物馆藏

银质。子母式，子扣与母扣的扣首分别为葵花的花心与花瓣，两两相扣后，合成一朵完整的葵花。两侧扣襻分别为一男童，一女童，童子体态矮胖，上着短衣下穿裤，面带笑容，双手捧着葵花，惹人喜爱。这副银扣将童子与象征多子多福的葵花结合于一体，造型别致，朴素大方，寓意吉祥。（李政）

嵌宝石镶玉金佩饰

明
通长 48 厘米
提头长 3.4 厘米　宽 4.8 厘米
圆形玉佩直径 4.1 厘米　厚 0.8 厘米
花形坠玉长 4 厘米　宽 2.2 厘米
南京太平门外板仓村徐达家族墓出土
南京市博物馆藏

金质，缀玉嵌宝石。顶部为云形提头，一面用锤鍱、花丝技法做出花叶形图案和金托，并嵌蓝宝石一粒、红宝石二粒；另一面嵌透雕秋葵纹玉饰。提头上部正中有环鼻一个，可供系挂，下部有环鼻三个，分别系金链穿缀玉饰件，有玉葫芦、圆形灵芝纹玉佩、玉蝴蝶、玉方胜、金莲座圆雕玉童子。最下端是一个金质挂坠，亦用锤鍱、花丝技法做出花叶形图案，并于正中嵌红宝石一粒，背面嵌一叶形玉饰。圆形灵芝纹玉佩外有金环，上面嵌粟粒状宝石，多有遗逸。（陈宇滔）

徐达家族墓出土精品文物赏析

145

秋葵纹玉带板

明
长 4.1 厘米至 8.7 厘米　宽 1.8 厘米至 4.3 厘米
南京太平门外板仓村明正德十二年（1517）徐俌墓出土
南京市博物馆藏

玉质，白色泛青。共 20 块，按排列顺序依次为：前中部的"三台"，由中心方 1 块长方形和左右小方 2 块小长方形组成；圆桃 6 块，桃形；辅弼 2 块，小长方形；带尾 2 块，弧首长方形；排方 7 块，长方形。
带板采用透雕手法作秋葵纹，花叶舒展，层次分明，雕琢精致。（陈宇滔）

白玉带板

明
长 2.3 厘米至 6.8 厘米　宽 1.6 厘米至 2.5 厘米　厚 0.5 厘米
南京太平门外板仓村明成化二十一年（1485）徐俌夫人朱氏墓出土
南京市博物馆藏

玉质，青白色，素面无纹。这套玉带形制完整，共20块。按排列顺序依次为：前中部的"三台"，由中心方1块长方形和左右小方2块小长方形组成；圆桃6块，桃形；辅弼2块，小长方形；带尾2块，弧首长方形；排方7块，长方形。

腰带并不限于男子使用，女子有时也可使用。《明史·舆服志》里记载有各级命妇的腰带制度，如一品命妇用玉带，二品犀带，三、四品金带，五品以下乌角带等。女带通常小于男带。这些女带在甘肃兰州、江西南城和安徽蚌埠等地的明墓中也有发现。（胡妍娟）

白玉带板

明
长6.5厘米至9.3厘米 宽2.2厘米至2.4厘米 厚0.6厘米
南京太平门外板仓村徐达家族墓出土
南京市博物馆藏

玉质,鸡骨白色。玉带残存17块,形制不全。其中小长方形3块,桃形4块,弧首长方形2块,大长方形7块。每块玉带正面均雕有一朵或两朵灵芝纹。(陈欣)

白泽纹素缎补服

明
通长 151 厘米　通宽 251 厘米
南京太平门外板仓村明正德十二年（1517）徐俌墓出土
南京市博物馆藏

缎地。圆领，右衽，领部右侧钉纽袢扣一对，两袖较宽，底部成弧形。衣身两侧开衩，接有双摆。胸、背正中织方形补子，长、宽均为 39 厘米，其上用片金织白泽主纹，四周配以如意云、灵芝、牡丹、海水江崖等纹样。

补服为明清职官常朝之服。朝见、谢恩、礼见、宴会均可穿着。明洪武二十四年定职官常服使用补子，文职绣禽，武职绣兽，公、侯、驸马、伯补子纹样为麒麟、白泽。徐俌系明朝开国功臣中山王徐达五世孙，生前为南京守备，袭封魏国公，其常服纹样与史载相符。（陈宇滔）

天鹿纹素缎补服

明
通长 152 厘米　通宽 254 厘米
南京太平门外板仓村明正德十二年（1517）徐俌墓出土
南京市博物馆藏

缎地。地纹为如意云纹。圆领，右衽，领部右侧钉纽袢扣一对，两袖较宽，底部成弧形。衣身两侧开裾，接有双摆。胸、背正中为天鹿纹补子，长、宽均为 40 厘米，其上用片金织天鹿纹样，画面中天鹿跪伏，长颈舒展，形象与长颈鹿十分相似，四周配以海水、江崖、灵芝、松、竹、梅、珊瑚枝等杂宝纹饰。

明代开始，在服饰上用补子区分文武官职，一品至九品所用禽兽不同，借以辨别官职。徐俌按品阶可穿麒麟补，有学者认为中国有把天鹿叫作麒麟的传统，故"天鹿"即"麒麟"。（陈宇滔）

杂宝纹缎袍

明
通长 129 厘米　通宽 72 厘米
南京太平门外板仓村明正德十二年（1517）徐俌墓出土
南京市博物馆藏

缎地。交领，右衽，无袖，衣身两侧开衩，接有双摆，右腋下有三副扎带。织莲纹，间以方胜、火珠、银锭、双犀角、珊瑚等杂宝纹。

此类服饰形制在明代称为褡䙢，又作搭护，类似短袖或无袖的直身。明代士人一般将褡䙢、贴里与圆领、直身等成套穿着，有时也直接以褡䙢作为外套。（陈宇滔）

水云纹缎袍

明
通长 127 厘米　袖长 119 厘米
南京太平门外板仓村明正德十二年（1517）徐俌墓出土
南京市博物馆藏

黄色缎地。交领，右衽，两袖宽博，衣身前后襟皆为上下分裁，下长过膝，腰部以下折有细褶，形如女裙，纹饰为水云纹。此类形制的服饰在明代大致属于贴里一类。贴里的褶子和上下身比例常有变化，《太康县志》中说："国初时，衣衫褶前七后八，弘治间，上长下短褶多。正德初，上短下长三分之一，士夫多中停。"明代士人通常将贴里穿在袍内裰护之下，贴里的褶子能使袍身宽大的下摆略向外张，显得端庄稳重。
（胡妍娟）

展厅实景

山水与游——徐达家族与南京园林

Roaming Between Mountains and Rivers: Noble Family of Xu Da and Classical Gardens in Nanjing

参考文献

史料文献

正德《江宁县志》，收入《金陵全书》甲编·方志类·县志 13，南京：南京出版社，2012 年。

顾起元：《客座赘语》，南京：凤凰出版社，2005 年。

周晖：《金陵琐事》，收入《南京稀见文献丛刊》，南京：南京出版社，2007 年。

吴应箕：《留都见闻录》，收入《南京稀见文献丛刊》，南京：南京出版社，2009 年。

陈作霖：《金陵琐志九种》，收入《南京稀见文献丛刊》，南京：南京出版社，2008 年。

发掘报告、图录、著作

南京市博物馆编：《金与玉——公元 14—17 世纪中国贵族首饰》，上海：文汇出版社，2004 年。

顾凯：《明代江南园林研究》，南京：东南大学出版社，2010 年。

董进：《Q 版大明衣冠图志》，北京：北京邮电大学出版社，2011 年。

扬之水：《奢华之色——宋元明金银器研究》，北京：中华书局，2011 年。

高居翰、黄晓、刘珊珊：《不朽的林泉——中国古代园林绘画》，北京：生活·读书·新知三联书店，2012 年。

南京市博物馆编：《故都神韵：南京市博物馆文物精华》，北京：文物出版社，2013 年。

南京市博物馆编：《南京考古资料汇编》，南京：凤凰出版社，2013 年。

商传：《走进晚明》，北京：商务印书馆，2014 年。

山东博物馆、山东省文物考古研究所：《鲁荒王墓》，北京：文物出版社，2014 年。

罗晓翔：《陪京首善》，南京：凤凰出版社，2018 年。

康格温：《〈园冶〉与时尚：明代文人的园林消费与文化活动》，桂林：广西师范大学出版社，2018 年。

曹志君、吴阗主编：《南京历代经典文物》，南京：南京出版社，2018 年。

柯律格：《蕴秀之域：中国明代园林文化》，开封：河南大学出版社，2019 年。

袁蓉：《明清时期南京园林研究》，南京：南京出版社，2020 年。

史文娟：《明末清初南京园林研究：实录、品赏与意匠的文本解读》，南京：东南大学出版社，2020 年。

苏州博物馆编：《黄金为尚：历史·交流·工艺》，南京：江苏凤凰美术出版社，2020 年。

费丝言：《谈判中的城市空间：城市化与晚明南京》，杭州：浙江大学出版社，2021 年。

研究论文

王鸿泰：《浮游群落——明清间士人的城市交游活动与文艺社交圈》，《中华文史论丛》2009 年第 4 期。

罗晓翔：《城市生活的空间结构与城市认同——以明代南京士绅社会为中心》，《浙江社会科学》2010 年第 7 期。

蔡清德：《雅游：正德、嘉靖年间金陵的文艺场域与书史意义——以顾璘、文徵明等为视点》，《美术观察》2013年第9期。

邵磊：《明中山王徐达子孙墓志考释》，《明史研究》第14辑。

胡运宏：《明代南京魏国公徐氏家族园林》，《江苏社科界第八届学术大会学会专场应征论文论文集》，2015年。

蔡春旭：《贤者的传记——〈东园图〉的功能与意涵》，《艺术工作》2016年第2期。

史文娟：《王世贞笔下的16座南京名园（1588—1589）考略》，《建筑师》2017年第2期。

朱希文：《明代开国功臣家族研究》，博士学位论文，华东师范大学，2017年。

后 记

徐达与瞻园有着密切关系，今日瞻园即当年徐达府邸的一部分，如今瞻园中仍保留了清代江宁布政使祭祀徐达的延安殿。策划与徐达相关的特展，是全馆同仁多年来的愿望。经过三年的精心组织策划，策展团队最终选择徐达家族的文艺社交活动为切入口，展示南京优越的山水环境和特殊的历史地位对园林的影响，重新审视南京在园林史上的意义。

南京古园林遗存较少，但历史文献却非常丰富，相关研究成果是本次展览重要的学术支撑。我们在展览形式设计上进行了诸多尝试，配合展览策划丰富多彩的社教活动、推出多场专家讲座，线上、线下媒体对该展览进行了全方位的宣传推广，取得了良好的社会效益。

本次展览展期为 2022 年 8 月 26 日至 11 月 26 日，展览得到了天津博物馆、青岛市博物馆、宣城市博物馆、永定河文化博物馆、南京市博物馆、中共代表团梅园新村纪念馆等文博单位的大力支持，不吝奉献馆藏精品。受益于南京市博物总馆"四个打通"的创新实践，南京市博物馆收藏的徐达家族及相关明清文物，为展览的成功举办创造了重要条件。这本图录亦是两馆深度合作的成果。

开展之前，策展团队即开始着手图录的编写工作，以展出展品为基础，适当增加文物背景信息，并邀请不同领域的专家学者为展览做延伸解读。由于档期原因，南京市博物馆收藏的徐达家族墓出土文物无法全部在展厅亮相，在图录中得以弥补遗憾，以期更完整地展现明代南京的贵族生活。

最后，真诚感谢所有关注、参与展览筹备和图录编辑出版的单位和个人。南京市博物馆策展专家和布展团队给予了巨大的包容和耐心，慷慨奉献多年经验。设计和施工团队为了实现现在看起来近乎疯狂的想法，反复推敲修改，在展厅付出了一个月的劳动。南京大学、南京城墙保护管理中心、南京市考古研究院和南京市文化遗产保护研究所的多位专家学者知无不言，为展览和图录出谋划策。呈现精品展览的共同目标将所有人凝聚在一起，希望观众和读者能感受到我们的诚意。当然，本书编写时间仓促，难免有所错漏，不足之处还望各位方家予以指正。

图录工作组

撰　　稿：邱晓勇　胡妍娟　魏杨菁　陈　欣　孙雨璠　戴慧婷
　　　　　边　昕　朱　敏　李　政　陈宇滔（南京市博物馆）
　　　　　姚在先　袁　蓉（太平天国历史博物馆）
　　　　　邢　晋（天津博物馆）
　　　　　袁树森（永定河文化博物馆）
统　　稿：袁　蓉　姚在先　魏杨菁　陈　欣
英文翻译：张晨旖　姚在先
文物摄影：黄秌人
资料整理：陈宇滔

展览工作组

总 策 划：杨　英
展览协调：袁　蓉
策 展 人：姚在先
展品统筹：魏杨菁　边　昕　陈　欣　孙雨璠　朱　敏　李　政
　　　　　林建英　邢　晋　侯　蓓　胡广涛　孔令琦　段媛媛
　　　　　钱文卫　问　纯　张秋萍　杜七成
宣传推广：张琳笛　王懿静　徐韦倩　陈　曦
社教活动：陈　曦　易　蓉　许若晗
展览保障：陆　嘉　崔玉洲　施恒忠　陈丽雯　蔡　蕾　张　远
　　　　　吕子辰　顾谭悦
摄　　影：薛琛